月15万円を確実に稼ぐ

現役FPのしくじり体験から学ぶ

守りの投資術

ファイナンシャル・プランナー
藤原久敏
Hisatoshi Fujiwara

TETSUJINSYA

まえがき

本書を執筆するにあたっては、気持ちの上で、かなり抵抗がありました。

お金の専門家（ファイナンシャル・プランナー）である私が、自身の「投資のしくじり」を、ここまで赤裸々に書いてしまってよいのだろうか、と。

とくに私は、投資をメインに講演・執筆活動をしているだけに、数々の失敗をやらかしていることが明るみ（?）となって、信用を落としてしまわないだろうか、と心配で仕方ありませんでした。

その失敗が、ウン千万円、ウン億円という、浮世離れしたとんでもないスケールの投資話であれば、むしろ、ドラマチックでカッコ良いのかもしれません。

しかし私の失敗は、損切りができなかった、高金利に目を奪われた、手数料に鈍感だった、都合の悪い情報はシャットアウトした…などなど、投資をやっていれば、誰もがやらかしてしまうものばかりです。とくに、ドラマチックなカッコ良さはありません（というか、カッコ悪い）。

さらに損失額も、数万円から数十万円、せいぜい数百万円と、比較的「身近な」スケールです。

そんな身近な失敗談を書くべきかどうか……悩みに悩み、最終的には、書くことに決めました。

なぜなら、誰もがやらかしてしまうような失敗だからこそ、多くの方に共感いただけるのではと思ったから（というか、共感してほしいから）。

数々の失敗を、当時の心理状態も含めて、分かりやすく解説することは、専門知識を持ったプロであり、当事者である私にしか書けないことだと、妙な使命感に後押しされたからです。

本書では、私の失敗の中から、「これぞ」というものを、9つピックアップしました。

いずれの失敗も、選びに選び抜いた、選りすぐりの失敗談だと自負しております（失敗を自負するのも変な話ですが）。

構成としては、まずは、リード文で概要をザックリと示しました。

続く、しくじり体験については、簡潔にまとめています。その中で、しくじりポイントを数点抽出して、それぞれのしくじりポイントに対して、一つ一つ、じっくり検証しております。

各失敗の詳細はもちろんのこと、それに関する商品知識や用語説明といった分かりやすい解説、さらには失敗の要因や心理状態まで、失敗を経験したプロだからこそ書ける内容だと思っています。

当時の私に、今の私が、ダメ出しをしまくっているわけです。

そして、ここが重要なのですが、各失敗に対する「対策」「教訓」についてもしっかりと示しており、ただの失敗談に終わらせないようにしています。

そうです、私は数々の失敗をやらかしてきましたが、それらの失敗の教訓を、今では、しっかり自身の投資に活かしております。

おかげで、致命的な大失敗をすることはなくなりました。

今では、投資による金利・配当等で、年間100万円程度は安定して収益を得ております。売却益については変動はあるものの、多い年では数百万円の利益を確保。何より、信念を持ってブレることなく、投資を楽しんでおります。

数々の失敗を経てきたからこそ、さらにはそれを徹底分析してきたからこそ、今の境地に到達できたと思っています。

お金のプロである私が、実体験に基づく生きた教訓・対策をギッシリ詰め込んだ本書は、「ただの失敗談本」ではありません。

本書を参考に「守りの投資」を実践していただければ、1ヶ月15万円は確実に稼げることでしょう。

ぜひ、私の数々の「しくじり」を楽しみつつ（?･）、皆さまの投資に大いに役立てていただければ幸いです。

もくじ

1章

アベノミクス急騰初動で投資資産を引き上げてしまう

２０１２年末から始まり、今も続いている（とされる）アベノミクス相場。安倍晋三首相の四本の矢を柱とした経済政策によって株高・円安が加速し、株やＦＸなどで大儲けした人たちも少なくありません。

しかし私は、この歴史的な上昇相場となったアベノミクス相場の初動のタイミングで、**運用資産をほぼすべて引き上げてしまう（売却してしまう）という大失態**をやらかしました。

売却後、グイグイ上昇していく資産を、ただただ眺めるだけという、苦痛の日々を過ごすこととなったのです。

ではなぜこのような〝しくじり〟をやらかしてしまったのか。まずは私の体験談をお聞きください。

しくじり体験

アベノミクス相場が始まり、株高・円安が加速するより前から、私は投資目的として、次のような資産を保有していました。

・コツコツ積み立てていた三菱重工、武田薬品工業などの個別銘柄を150万円ほど。
・10年以上も持っていたアメリカ・ドイツ・フランスの国債を160万円ほど。
・他にも、投資信託や塩漬けとなっていたFXなど200万円ほど。

前記資産のほとんどは、購入してしばらくは、含み損状態となっていました。

購入直後は、値動きが一番気になる時期でもあります。そんなナーバスな時期に、含み損状態はしばらく続き、憂鬱な日々を過ごしていたのです。

しかし、**①損切りをするのは嫌でした。**

そんな状況の中、なかなか回復しない含み損についてはだんだん鈍感になって（**②値動きのチェックも疎かになって**）、ただただ悶々としておりました。

そして2012年末、アベノミクス相場が到来したのです。

株高・円安基調になり始めたタイミングで、「おお、これはもしかして」と、保有する株や投資信託を久々にチェックすると……いつの間にか、かなり回復していたのです。

これには、「今だ！」とばかり、**③含み損が解消されたものから、ドンドン売っていったのです。**

含み損が解消されていく様は、さも借金をサクサク返済していく感じで、心が軽くなっていくのが分かりました。こうなると、少しでも含み損を抱えているのが気持ち悪くて仕方なく、まだ若干の含み損銘柄もありましたが、このタイミングで、**④保有資産を次々に売却、ほぼすべての運用資産を手放したのでした。**

これでようやく、含み損を抱えての悶々とした日々から解放されて、スッキリするのでした。

このように、アベノミクスのおかげで含み損から解放され、さらには多少の利益も得ることができ、当時は、それなりに満足しておりました。

しかし、その直後の歴史的な急騰に、激しく後悔する日々を過ごすことになります。

売却してから半年もしないうちに、三菱重工は37万円から70万円、武田薬品工業は36万円から50万円に、グイグイ上がっていきます。米ドルは80円から100円まで駆け上がるのです。

結果的に、アベノミクス相場の初動のタイミングで、売ってしまったわけです。

稀に見る大相場ですから、嫌でも、「株上昇、円安進行」のニュースは目に飛び込んできます。

嫌なら読まなければいいものを、マネー雑誌等で「アベノミクス特集」など見かければ、どうしても気になって買ってしまい、じっくり読んで、そして悔しがるという、まるで自傷行為です。**⑤また、儲け損なった金額まで、日々計算しておりました。**

そもそも、運用資産をほぼすべて売却したとはいっても、これで投資をやめるつもりは毛頭なく、とりあえずはいったん、相場から撤退して、スッキリしたかったのです。

そしてまた、**⑥相場が下がってきたタイミングで、再び参戦予定でした。**

しかし残念ながら、アベノミクス相場が本格的に始まり、グイグイ上がっていく相場に、再びの参戦機会はありませんでした。

しくじりポイント

①損切りをするのは嫌でした。

投資の教科書には、よく「損切りを徹底しろ」と書いています。

たしかに、傷を広げないためには損切りは大切ですし、その際には、あらかじめ損切りラインを決めておくことも必要でしょう。

しかし、絶対に損切りをしなければいけない、というルールはありません。

値下がりしても、**「損切りはしない（絶対に売らずに、ずっと保有し続ける）」という選択肢も、立派な投資戦略**なのです。

その場合は、その銘柄と心中するつもりで、腹をくくって投資するわけですが。

ここで言いたいことは、「損切りする」にせよ「損切りしない」にせよ、値下がりしたときにどうするのか、を、あらかじめしっかり考えておくべきだったということです。

今回のしくじりは、ただただ「損切りは嫌だ」くらいの気持ちで、「まぁ、長期保有かなぁ」程度のスタンスで、投資に臨んでしまったことです。

つまり、損切りラインを明確にすることなく、かといって、損切りしないと腹をくくることもなく、投資に臨んだのでした。それゆえ、いざ値下がりして含み損を抱えてしまってから、どうしたものか……と悶々とする日々を過ごすことになってしまったのです。

最初から、「損切りする」と決めておけば、損切りライン（※）になれば迷うことなくスパッと売れますし、損切りラインまで下がらなければ、ウジウジ悩むことなく堂々と持ち続けていればよいのです。また、「損切りしない」と決めていれば、値下がりに狼狽することなく、どっしりと構えていればよいのです。

※損切りすると決めておくなら、必ず損切りラインも明確にしておく。

損切りをどうするかについて、あらかじめ決めているからといって、値動きはコントロールできません。

しかし、少なくとも、値下がり（含み損）に対する「心の持ちよう」はコントロールすることができ、精神的負担は大いに軽減されることでしょう。

⚠ **まとめ**

⇩ **絶対に損切りしなければいけない、というルールはない**

⇩ **損切りするにせよ、しないにせよ、最初から決めておく**

⇩ **値下がりに狼狽することなく、どっしり構えることで、精神の均衡を保つ**

②値動きのチェックも疎かになって

人間誰しも、嫌なこと、都合の悪いことからは、目をそらすものです。

私も「含み損」という嫌なこと（都合の悪いこと）から目をそらすべく、だんだんと、パソコンの取引画面から遠ざかっていくことになりました。

保有銘柄の含み損（マイナス）を示す赤字一色となった取引画面を、見たくなかったわけです。

実際、相場が低迷してくると、ネット証券のログイン件数も減ってくるそうです。

もっとも、今回はアベノミクス相場に救われ、含み損は解消しましたが、それはあくまでも結果論です。目をそらしていたから、救われたわけではありません。

目をそらしていた間は、ただただ「悶々としていた」だけです。

情報をシャットアウトしていたゆえに思考停止状態となり、「そのうち、また上がってくるよ…」と、何の根拠もなく、自分にとって都合のよい妄想に耽るのでした。

そうなってしまうと、投資に関して、まったく成長することはありません。

実際、目をそらしていた間は、私自身、何の新たな情報・知識を得ることなく、相場観が鍛えられることなく（経験を積むことなく）、ある意味、無意味な日々を過ごすこととなりました。

今回、アベノミクス相場のおかげで金銭的な損失はありませんでしたが、**そこそこの資金と時間を投じて投資をしていたにもかかわらず、それによる成長の機会をムダにした、という意味では、かなりのしくじりと言えるでしょう。**

都合の悪いことから目を背けていては、また同じ失敗を繰り返すことにもなります。これは、投資に限ったことではありませんよね。

嫌なこと、都合の悪いことこそ、成長するチャンスと捉え、目をそらすことなく、現実と向かい合うことが大切なのです。

⚠まとめ

⇩「含み損」になっても、値動きのチェックは怠らない

⇩「そのうちまた上がってくるよ」は都合のよい妄想

⇩失敗にこそ目を向け、相場観を鍛える

③含み損が解消されたものから、ドンドン売っていった

今回、「含み損」を解消したいがゆえに、保有する株や投資信託などをドンドン売っていきました。

誰しも「含み損」は嫌なもので、売却の大きな要因となることは、よくあることです。

とくに私の場合、資産運用のプロであるFPとして、この含み損を抱えている状態というのは、なんだか大きな負い目を背負っている感じもあって、なんとか解消せねばとも思っておりました。

そこで、含み損が解消されたことが分かったタイミング（買値を回復したタイミング）で、すぐさま売ったわけです。

この「含み損」とは、「自分の買値」あっての概念です。

すなわち、ここでの**しくじりポイントは、「自分の買値」を基準にし過ぎてしまったこと**です。

ある程度、買値を基準にしてしまうことは、心理的には自然なことかもしれません。買値から値上がりしていれば（含み益）嬉しいですし、買値から値下がりしていれば（含み損）憂鬱なものですから。

しかし、他の人にとって、すなわち**マーケットにおいては、「私がいくらで買ったのか（私が含み益だろうが、含み損だろうが）」など、まったく関係ありません。**

買値にあまりにも捉われていると、客観的な判断が鈍ってしまう危険があるのです。

まさに今回は、「銘柄の割高・割安性」「長期チャート」などほとんど考えずに、「含み損が解消されている（買値を回復している）」一点張りで、売りを決めてしまったわけです。また値下がりして、「含み損」状態に戻るのは、絶対に嫌だったのです。

たしかに、買値を基準に売り時を考えれば、分かりやすいです。

たとえば、「買値から±10%で売り」「買値から±1万円で売り」など、実際、よく売却の目安にされています。しかしそれはあくまでも、「売り時がよく分からない場合（自分で考えるのが面倒な場合）」の、簡便的な考え方といえるでしょう。

では、しっかりと売り時を考えるには、どうすればいいのでしょうか？

一つのやり方としては、**「今、その銘柄を買うとしたら、その価格で買いますか？」**で考えてみることです。その際、その銘柄を保有していること（もちろん、その買値も）は頭から取り去ることです。

フラットな気持ちで銘柄そのものの分析・相場全体の大きな流れから判断して、「今、買いたい」のであれば継続保有し、「今、買いたくない」のであれば売却する、という考え方も、知っておいて損はないかと思います。

⚠ **まとめ**

⇩ **自分の買値に捉われすぎずに、客観的な判断を**

⇩売ることを考える際は、その銘柄を自分が保有していることを頭から取り去る
⇩純粋に「今、買いたい」のであれば保有し、「今、買いたくない」のであれば売却

④保有資産を次々に売却、ほぼすべての運用資産を手放したのでした。

すなわち、**相場から完全に撤退（退場）してしまった**のでした。

そしてこれが今回、最大のしくじりポイントです。

なぜなら、それによって、直後の本格上昇の波に乗れず、儲け損ない、実に悔しい悶々とした日々を過ごすことになってしまったのですから。

アベノミクス相場によって、それまで10000円を割っていた日経平均株価は、2013年春には一気に15000円まで駆け上がり、2015年春には20000円を超えてきました。それに呼応するかの如く、それまで80円を割っていた円ドル相場も、2013年春には一気に100円まで駆け上がり、2015年春には120円を超える円安となりました。

つまり、株や外貨建て商品など、投資をしていた人の多くは、かなり儲かったわけです。

ところが私は、日経平均でいえば10000円を超えてきたあたり、円ドルでいえば80円

日経平均株価の推移

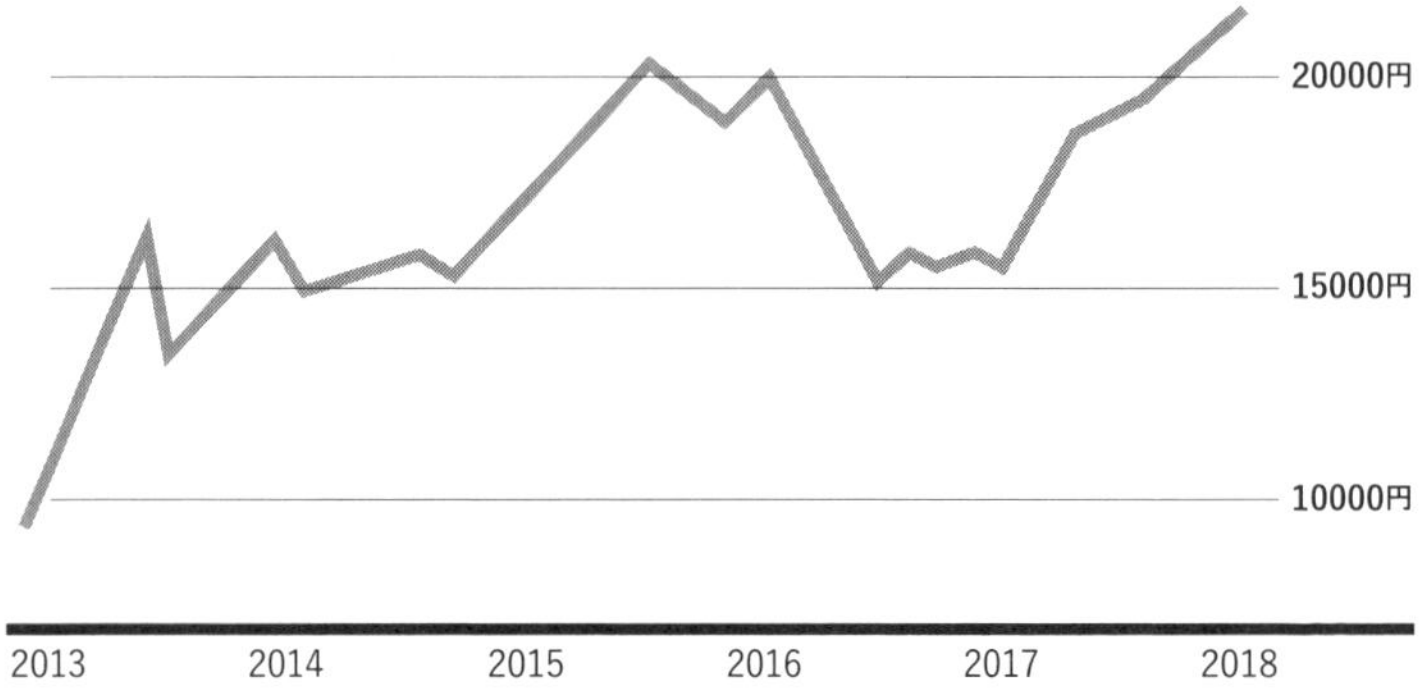

アベノミクス相場が始まった2012年末からの日経平均チャート。
グイグイ上昇している様子がよく分かる。

米ドル／円の動き

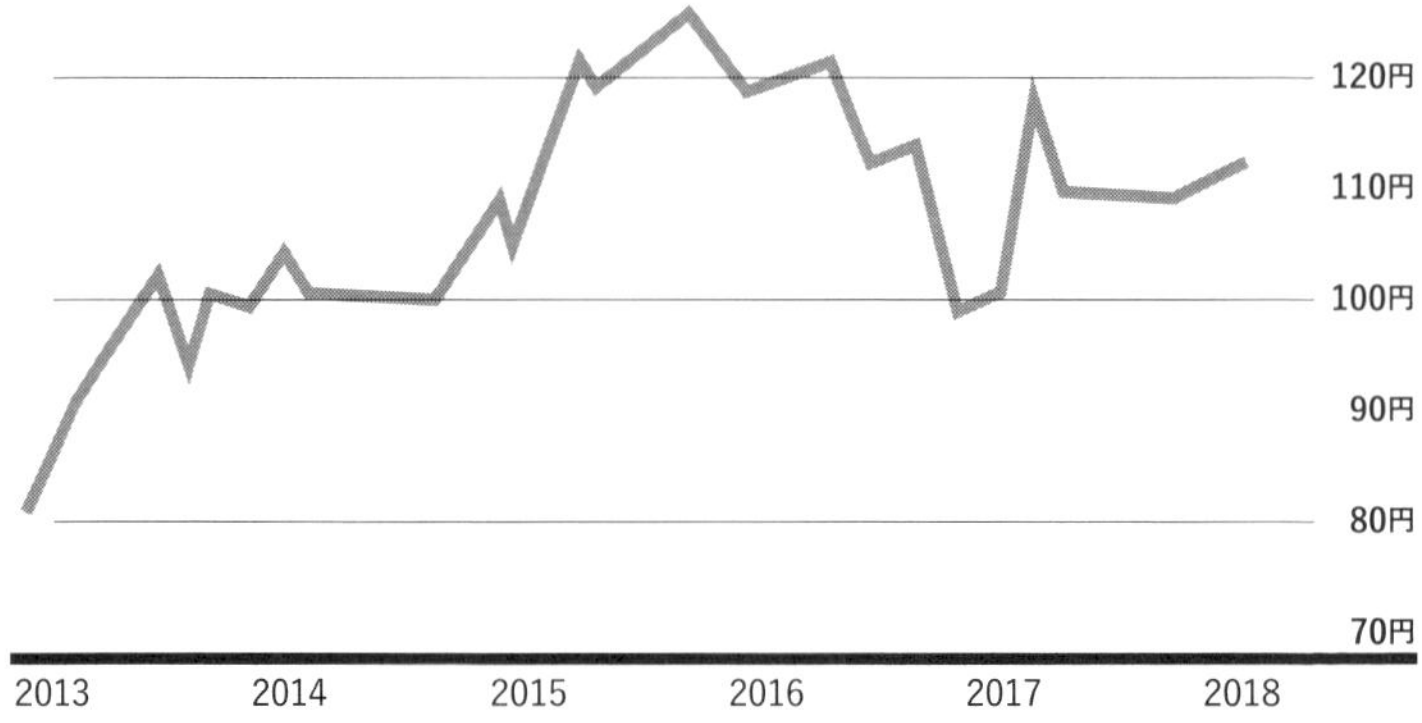

同じく2012年末からの円ドルチャート。
グイグイ円安が進行している様子がよく分かる。

を超えてきたあたり、ちょうどこれから本格的な上昇が始まる直前に、見事スッキリ、売却してしまったのです。

アベノミクスに乗り遅れた……というか、加速直前に飛び降りてしまったわけです。

しかし、アベノミクス相場が、このような歴史的な上昇相場になることなど、誰も予想できなかったじゃないですか、とのご意見も多いはず。

そうです、相場の予想など、不可能です。

だからこそ、**常に、相場に居続けることが、大切**なのです。

なぜなら、上昇相場の始まりは、不意にやってくるからです。その上昇前の絶妙なタイミングで相場に入る（投資資産を投入する）など、普通はムリです。

だからこそ、常に、相場に居続けることが、大切なのです（大事なところなので二度言いました）。

相場に居続けることこそが、いつ来るか分からない大相場に乗れる、確実な方法なのです。

アベノミクス相場で儲かった人でも、上昇直前の絶妙なタイミングで株等をガンガン買い始めた天才的な人など、おそらく、ごくごく僅かでしょう。ほとんどの人は、もともと保有していた投資資産が、アベノミクス相場の恩恵を受けてグイグイ上昇し、儲かったというケースでしょう。

リーマンショック後の低迷する相場でも腐らずに、**常に、相場に居続けた人たち**が、アベノミクスの果実を得ることができたわけですね。

もっとも、上昇相場の初動で、ある程度、売ってしまうのは仕方ないことでもあります。歴史的な上昇相場の初動であるかどうかなど、誰にも分からないわけですから。ただ、今回反省すべきは、ほぼすべての運用資産を手放したことです。

売るにしても、相場状況を見ながら、コマメに何度かに分けて、売るべきでした。

やはり、常に、相場には身を置いておくべきだったということです。


株式投資等においては、長期スパンであれば、預貯金を上回るリターンが得られるというデータがありますが、それはあくまでも、数年～数十年に一度の大相場に乗れるからこそ、なのです。

つまり、大相場のタイミングで、相場に居続けるからこそ。

投資で一番やってはいけないこととして、「投資をやめてしまうこと（相場から退場してしまうこと）」が挙げられることが多いのですが……私はずっと、これは**証券会社の陰謀か**

何かと思っていました。
しかし今回、アベノミクス大相場に乗れなかった私は、心底、「投資をやめてしまうこと（相場から退場してしまうこと）」の危険さを、身をもって実感するのでした。

⚠**まとめ**

⇩**上昇相場は不意にやってくるため、絶妙なタイミングで相場に入ることは不可能**
⇩**常に相場に居続けることが大切**
⇩**上昇相場の初動で売る際は、相場の状況を見ながら、コマメに何度かに分ける**

⑤また、儲け損なった金額まで、日々計算しておりました。

売却した銘柄の値動きは、誰しも気になるものです。

ですので、売却直後に値上がりして、悔しがることは、よくあることです。

しかも、自分が儲け損ねただけでなく、他の人がそれで上手く儲けた話などを聞くと、悔しさ倍増ではないでしょうか。実際、アベノミクス相場で儲かった人のインタビュー特集など読んだ際には、私は歯ぎしりする思いでした。

ただ、そんな心理的負担は、投資をする以上、ある程度は避けられないものです。

ここでのしくじりというのは、グイグイ進んでいく株高・円安を眺めては、売却した銘柄が、売値からいくら値上がりしているかを日々チェックして、**「儲け損なった金額（累計額）」を日々、計算していた**ことです。

ここまでやってしまうと、**心理的負担だけでなく、時間的・労力的負担も相当なもの**でした。

ピーク時には、1日1時間以上かけて、売却した銘柄の値動きをチェックし、その時点での儲け損なった金額を算出しては、一人で落ち込んでおりました。

体験談でも書きましたが、売ってからわずか半年程度で、三菱重工は37万円から70万円、武田薬品工業は36万円から50万円など、グイグイ上がっていきます。FXにいたっては、2万米ドル程度を手放したので、1円円安につき、2万円（1円×2万米ドル）の儲けをフイにする計算です。

それら諸々、**1日で数万円、日によっては10万円以上の値上がり**です。

それは決して損したわけではないですが、限りなく損した気分にさせられるのでした。

そんな非生産的な計算を日々こなしていたことで、せめてあと半年持っていたなら**20**

0万円以上は確実に儲かったなぁ、という、知ったところでどうしようもないことを、知ることになりました。

(200万円あれば、車が買えるではないか……)

そんな思いが、自動車屋の前を通るたびに、頭をよぎります。

ここまでくると、日常生活にも影響が出るくらい、運用そのものが心理的・時間的・労力的な負担となってしまうのでした。

さて、このしくじりの対策としては、**「運用のお金」と「日常生活でのお金」を、リンクさせない**ことです。

リンクさせてしまうと、「損した1万円で、美味しいものが食べられたのに…」「儲け損なった10万円で旅行に行けたのに…」と、イチイチしんどい思いをしてしまいます。

そうならないためには、「運用はゲーム」と割り切るくらいの方が、上手くいくものです。ゲームと割り切れば、運用成果についても、日常生活とは切り離して考えることができるはずですから。

運用をゲームと捉えることには賛否両論あるでしょうが、そうすることで、気持ちに余裕が出てきて、幾分、プレッシャーから解放されるはずです。少なくとも、それだけでも大きなメリットでしょう。

そして、ゲームとして楽しめれば、儲け損なった金額計算に時間や労力がかかっても、決して「時間的・労力的負担」とはなりません。なぜなら、楽しいことに時間や労力を費やして、それを「負担」という人はいないでしょうから。

⚠まとめ

⇩儲け損ねたときの悔しさは避けられないので、甘んじて受けるべし

⇩自分が売った銘柄をチェックし、持っていた場合の利益を考えるのは、非生産的な行為

⇩運用をゲームと割り切れば、時間や計算に労力がかかっても、苦にはならない

⑥相場が下がってきたタイミングで、再び参戦予定でした。

2012年末からグイグイ上昇を始めたアベノミクス相場でしたが、2013年春にいったん、急落しています。その後、再びグイグイ上昇を始めたわけで、今思えば、急落は絶好の買い時でした。

しかし、私はその絶好のタイミングでは買えませんでした（参戦できませんでした）。なぜなら、急落したとはいえ、2012年末の売却時（アベノミクス相場の初動時）からすれば、十分な高値水準だったからです。

いったん売ってしまったものは、売却額以上の価格では、なかなか買えないものです。

……ということを、身をもって実感しました。

たとえば、武田薬品工業は35万円（3500円×100株）で売ったのですが、その後、アッと言う間に50万円を超えてきました。そしていったんは40万円強まで急落するのですが、それでも売値である35万円を上回っており、そのタイミングでは手が出ず。

そうしているうちに、再上昇して60万円半ばまで上昇します。

ここまでくると、もはや、手は出ません。40万円強で買っておけばよかったと、激しく後悔するのでした。

ここでのしくじりは、「相場が下がってきたタイミングで」と漠然と思っていただけで、明確な買い時を決めていなかったことです。なので、自分の売値が基準となってしまい、絶好の急落（押し目）があったにもかかわらず、買うことができなかったのでした。

これは、③のしくじり（「自分の買値」を基準にし過ぎてしまった）と、同じ理屈ですね。

もっとも今回のケースでは、「自分の売値」を基準にし過ぎてしまったわけですが。

では、どうすれば良かったのでしょうか？

それは、③のしくじりと同じで、購入の判断において、**その銘柄を売ったときのこと（もちろん、売値も）は頭から取り去ること**です。フラットな気持ちで銘柄そのものの分析・相場全体の大きな流れから判断するべきでした。

たとえば、「高値から2割下がったタイミング」などと決めていれば、迷うことなく、その急落時に買うことができたわけです。

⚠まとめ

⇩いったん売ったものを、再び買い戻す場合は、自分の中の明確な「買い時」を決めておく

⇩「相場が下がってきたタイミングで」などという漠然とした考えは厳禁

⇩買い時は、銘柄そのものの分析・相場全体の大きな流れから判断

アベノミクス急騰初動で投資資産を引き上げてしまう

2章

惚れ込んだ銘柄に振り回され損失&機会損失のWパンチ

ベネッセコーポレーション（※）に惚れ込み、数年もの間株価を見守っていましたが、個人情報流出事件による株価下落をきっかけに購入。しかし、下落は止まらず、損切りの憂き目に……その後、安値圏で買い損ね、株価上昇に乗れずに悔しい思いをすることになってしまいました。

惚れ込んだ銘柄ゆえに、損失を被ってしまった私。そこには、どんなしくじりがあったのか……。

しくじり体験

2012年頃のこと、息子の学習教材にと契約した『こどもちゃれんじ』。この教材のクオリティの高さに惚れ込み、こんな素晴らしい教材を作っている会社なら間違いない……と、すっかり魅入られたのが、ベネッセコーポレーションでした。

ただ、当時の株価は3000円を底値にグイグイ上昇し、3000円台後半で推移、たま

※「進研ゼミ」など通信教育最大手。高齢者ホーム、出版等へ多角化。傘下に語学教室「ベルリッツ」（会社四季報より）。

ベネッセの教材、塾講師歴10年近くの私が見ても、本当にハイクオリティ。
子供が小学校高学年となった今でも、継続して続けている。

に4000円を超えることもありました。この高値圏の株価にはなかなか手が出ず、恋い焦がれる思いで、数年もの間、ずっと見守っておりました。

そこにきて2014年夏、空前の個人情報流出事件が起きました。

会社の信用力はガタ落ち、補償費用や再発防止対策費用などが嵩み、大幅な赤字転落、さらには社長交代にもつながります。

当然、株価も急落します。

ここをチャンスと、**①当時、4000円を超えていた株価が、節目の4000円を割ったタイミングで買いました。**

しかし、買った後も下落は止まりません。

これには、**②3500円の節目を割ったところの3300円で耐え切れずに売却しました（約5万円の損失）。**

その後も下落は続きます。

今回、会社が嫌いになって売ったわけではないので、株価が3000円を割ったあたりから、「ここまで下がってきたなら…」と、再びの買い時を探り始めました。

まだまだ下落は止まらず、ついに2500円を割ってきました。

過去のチャートを見ても、あり得ないくらいの安値圏でした。しかし、**③前回の失敗**

（下落中に買って、さらに下落）があまりにも悔しく、頭から離れず、どうしても手が出ませんでした。

最終的に、株価は2300円台まで下がって、反転。

再びグイグイ上昇を始め、その後は4000円前後で推移、これには15万円以上儲け損なった気分でいっぱいです。

そしてまた、この高値圏の株価を、見守る日々となっております。

しくじりポイント

①当時、4000円を超えていた株価が、節目の4000円を割ったタイミングで買いました。

ここでのしくじりは、明らかに、株価下落の真っ只中で買ってしまったことです。

もっとも、買ったときの株価が「底」という奇跡のタイミングもあり得ないことないですが、たいていの場合、買ったときからもさらに下がり続けるものです。すなわち、下落中の購入は、危険極まりない、スリリングな投資だということです。

例えるなら、落下中のナイフを掴みにいくようなもの。

スパッと手を切ってケガをする可能性大ですね。どうしてもナイフを掴みたいなら、床に落ちてから（「底」についてから）拾いあげれば安全です。スリリングな投資をお望みならともかく、普通は、このようにしっかり「底」を見極めるのが、投資のセオリーです。

もちろん、「底」の見極めは難しいことですが、少なくとも、見極める努力はするべきでしょう。

今回、それができていなかったのです。

いや、正確には、「底」の見極めをまったくしていなかったわけではありません。

証拠に、一応、４０００円の節目は意識しており、それを割り込んだときに購入しました（３９００円で購入）。しかし、この４０００円割れのタイミングは熟慮したわけではなく、深い根拠もなく、ハッキリ言って「何となく」です。というか、節目の大台ですから、誰でも意識しますよね。

普段であれば、そんな浅はかな考えで、下落真っ只中の株を買うような危険極まりないことはしませんが、今回はしてしまいました。

なぜなら、**銘柄（会社）に惚れ込んでしまっており、どうしても買いたかった**からです。買いたくて買いたくて、うずうずしながら高値圏の株価を眺めていたところ、絶好の急落が訪れ、「今がチャンスだ」とばかりに、冷静に状況を把握することなく、購入したのでした。すなわち、**今回のしくじりの要因、つまり本当のしくじりは、「銘柄に惚れ込んでしまったこと」**とも言えるでしょう。

今回の急落の際、「今がチャンスだ」と、誰に煽られたわけではありません、自分で自分を勝手に煽っていたところがあります。それは、やはり惚れ込んでしまったからこそ。

そういった意味では、「惚れさせる」というのは、人の心理をコントロールするにおいて、すごく有効な手段だなぁ、と、今でこそしみじみと思うのでした。アレコレくどくど説得するよりよほど効果的で、実際、結婚詐欺やデート商法、霊感詐欺など、まさに「惚れさせる（心酔させる）」わけですからね。

何事においても「惚れ込む」のは危険ですが、当然、運用においても「惚れ込む」のは危険。冷静に状況を把握できなくなる可能性が高くなるので、要注意です。とくに、「このお店、美味しい!!」「このサービス、素晴らしい!!」など、商品やサービスを気に入って銘柄選びを始める人（私がそうですが）は、気を付けたいところです。

とはいえ、惚れ込んでしまうのは仕方ないもの……であれば、惚れ込むことは、あくまでも投資を検討するきっかけとして捉えるべきでした。そして、いざ投資となれば、あらためて銘柄（会社）を冷静な視点で捉え、業績・株価水準などをしっかりと研究・分析し、買い時を探るべきだったのです。**今回は、それができていなかったわけですが。**

⚠まとめ

⇩株の下落時は底の見極めが大事
⇩銘柄に惚れ込んでしまうと冷静な判断を失う
⇩狙った銘柄こそ、業績や株価水準などを研究・分析

②3500円の節目を割ったところの3300円で耐え切れずに売却しました（約5万円の損失）。

売却後も下落は止まらず、ついには2300円台にまで沈んだわけですから、結果的には

「損切り」成功となったのですが……それはあくまでも結果論。このときは「損切り」など意識せず、ただただ、底なしのように思えた下落に耐えられずに、売ってしまっただけのことでした。

思えば当時は、「ベネッセ会員数減少、歯止めかからず！」「ベネッセ海外進出が頓挫？」など、悪い情報が次々に出てきて、うろたえておりました。とくにネットでは、「ベネッセはもう終わりだ」みたいな記事も多く、下落どころか破綻もありうる……との恐怖に耐えかね、売ってしまったわけです。

ただ、売却後には、あやふやな情報に振り回され、売ってしまったことを後悔しました。あれだけ惚れ込んで、数年間も株価を見守った上で、ようやく買った銘柄ですから、手放してしまったことを、激しく後悔するのでした。

つまり、今回のしくじりは、**惚れ込んだ銘柄にもかかわらず、あやふやな情報で、中途半端な気持ちで売ってしまったこと**です。

これを教訓に、一つの考え方に至りました。

今回のように、**惚れ込んで購入した銘柄を売るのは、『買った理由がなくなったときだけ』という考え方です**（つまり、基本は「売らない」ということ）。

配当利回り3％超だから、との理由であれば、その3％を下回ってきたとき。

株価が100円未満で割安だから、との理由であれば、その100円を上回ってきたとき。

業界トップだから、との理由であれば、トップから陥落したとき。

社長が好きだから、との理由であれば、社長が交代したとき。

と、その判断はいたってシンプルです。

あくまでも一つの考え方でありますが、この考え方であれば、あやふやな情報に振り回されず、ドッシリと構えておくことができるはず。


買ったときの理由が、財務諸表や株価指標のような、簡単に変わってしまうものであれば、すぐに売ってしまうことになるかもしれません（それはそれで、その程度の「惚れ込み」だったということです）。買ったときの理由が、会社の理念のような、簡単には変わらないものであれば、簡単に売ってしまうことはないでしょう。

ちなみに今回、私にとって、『買ったときの理由』とは、その教材のクオリティの高さ。

個人情報流出、赤字転落、会員数減少、社長交代……と、当時の株価下落要因はいろいろあったわけですが、決して、その教材のクオリティが下がったわけではありません（実際に毎月送られてくる教材を見ているので、少なくとも、私はそう思っています）。

となれば、様々な雑音に惑わされることなく、ドッシリと構え、持ち続けていれば良かったわけです。
一時、株価は2300円台まで下落はしましたが、そこまで腹をくっていれば、うろたえることはなかったでしょう。

⚠まとめ
⇩惚れ込んだ銘柄は基本、売らない
⇩売るときの判断基準はシンプルに
⇩株価が下落しても、様々な雑音に惑わされることなく、ドッシリと構える

③前回の失敗（下落中に買って、さらに下落）があまりにも悔しく、頭から離れず、どうしても手が出ませんでした。

今回のしくじりは、（今だからこそ、客観的な立場で分かることではありますが）明らかに底値圏で買い時だったのに、**前回の失敗のイメージが強く残っていて、「気持ち」的に**

買えなかったことです。

前回の失敗がなかったなら、２３００円台の大底は無理でも、おそらく、節目の２５００円程度で買えていたかと思います、たぶん。

また、前回の失敗があったとしても、それが今回のように惚れ込むほどの銘柄でなかったなら、やはり、２５００円程度で買えていたことでしょう、おそらく。

つまり、銘柄に惚れ込んでしまったがゆえに、その取引についても思い入れが強くなってしまい、失敗のイメージがより強調され、脳裏に焼き付いてしまったわけです。

となると、今回も、しくじり①と同様、**しくじりの要因、つまり本当のしくじりは、「銘柄に惚れ込んでしまったこと」**とも言えるでしょう。

銘柄に惚れ込むと危険……とは、本章のしくじりの共通項ですね。

しかし、惚れ込むものは惚れ込んでしまうものですし、それを「惚れ込むな」とは言えません（というか、無理です）。また、銘柄に惚れ込むことも、投資の楽しいところでもあります。

であれば、繰り返しになりますが（37ページ参照）、投資となれば、惚れ込んだ銘柄であっても、あらためてしっかりと銘柄研究・分析が必須だということです。

その上で、今回のしくじり③の対策としては、残念ながら、単純ではありますが、「以前の売買は、あくまでも参考に」としか言えません。

⚠ まとめ

⇩惚れ込んだ銘柄で失敗するとそのイメージが強調される

⇩前回の失敗のイメージを引きずらない

⇩過去の売買はあくまで参考程度に

惚れ込んだ銘柄に振り回され損失＆機会損失のWパンチ

3章

FXで200万円超の大損失…南アフリカランド・トルコリラの恐ろしさ

FX投資（※最大で証拠金の25倍もの外貨を取引できる、ハイリスクハイリターン商品）にて、1100万円を超える大勝負。

南アフリカ「ランド」、トルコ「リラ」といったマイナー通貨にて、驚異的な高金利を狙うも、急激な通貨安となって200万円を超える大損失という結果に……。

FX投資でしくじったのか、マイナー通貨でしくじったのか、それとも投資方法でしくじったのか……。

しくじり体験

リーマンショック前の2007年頃、**①私はFXで大勝負に出ました。**

南アフリカの通貨、「ランド」を70万ランド分購入したのです。

当時、1ランド＝16円程度でしたから、日本円にしてなんと1100万円を超える金額です。

とはいえ、証拠金の何倍もの取引ができるFXですから、元手は200万円程度。

200万円も大金ではありますが、それをはるかに上回る1100万円超の取引に、変にテンションも上がっておりました。

ランドというマイナー通貨に**②手を出した理由は、とにかく、その金利の高さ。**

今でも十分高金利なのですが、当時はより高金利で、1万ランド保有していれば、1日当たり金利（FXではスワップ金利といい、毎日受け取れる）が30円ほどもらえたのです。70万ランドだと、1日に2000円ほどもらえたので、これには、**③「不労所得生活も夢ではない」と、妄想に浸るのでした。**

しかし、ほどなくしてリーマン・ショックの煽り（新興国からの資金流出）で、ランドは一気に下落。

70万ランド保有していた私は、**④1円円高（ランド安）になると、70万円もの損失が出ることを、あらためて実感させられるのでした。**

下落当初は証拠金を積み増して凌いでいたのですが、非情にもランドはガンガン下がって、1ランド＝13円を切ったあたりでゲームオーバー。

証拠金不足で強制決済（※）となり、200万円ほどの損失（▲70万円×3円）となりました。

もっとも、その後もランドの下落は止まらず、一気に7円台まで下がったことを思えば、さらに証拠金を積み増して粘らなくて良かった……とホッとしております（それだけの資金がなかっただけのことですが）。

ただ、これにはさすがに懲りて、しばらくはFXから離れていました。

しかし数年も経てば、すっかり立ち直り（?・）、FXを再開したくてウズウズし始めるのでした。それが、2014年末頃の話です。

そこで次に選んだのが、トルコの通貨「リラ」でした。

どうしても、マイナーな高金利通貨に魅かれてしまいます。

当時、1リラ＝50円前後でしたが、これを1万リラずつ、4回に分けて購入。

この数回に分けての購入は、ほぼ一気に購入してしまったランドでの教訓を活かしてのことでした……が、たまたま購入時の為替変動は小さく、⑤**結局、いずれも50円前後での購入となりましたが。**

取引額は4万リラで、日本円にして約200万円。

対して⑥**証拠金額は80万円と、ランドのときに比べ、（取引額に対する比率で）かなり多めの金額を入れました。**

これは、証拠金不足で強制決済になってしまったランドでの教訓を活かしてのことでした……が、それでも1円円高（リラ安）で4万円の損失が出るわけですから、やはり、リラ下

※FXでは、損失が出て証拠金が減少し、取引額に対して一定割合を下回ると、強制決済となる。

落の際にはヒヤヒヤするのでした。

さて、私はＦＸとの相性が悪いのか、またもや、私が買ったあたりから、リラが下落基調に。

トルコの財政悪化、さらにはまさかのクーデター未遂事件など、**⑦新興国ならではの経済・政治面の脆弱さが次々に浮き彫りとなり、**リラは下落の一途をたどるのでした。

ズルズルと下落し、２０１８年1月現在、30円を割り込んでいる状況です。

もっとも、今回は証拠金を積み増して、スワップ金利（4万リラで1日４００円程度）を楽しみに、数十万円の含み損を抱えながらも、何とか凌いでいる状況です。

しくじりポイント

①私はＦＸで大勝負に出ました。

いきなり、しくじっております。

なぜなら、**私にはとくに、大勝負にうって出る理由などなかった**からです。

当時、とくに何かで行き詰まっていたわけではなく、むしろ、仕事は軌道に乗り始め、子どもが生まれ、投資収益も順調に積み上がっており、順風満帆と言ってもよい時期でした。

追い詰められて、最後の大勝負……とは、よく聞く話ですが、でもどうやら、人生うまくいっているときにも色気を出して、大勝負に出てしまう人もいるようです（私です）。

そこで目を付けたのが、「FX」の資金効率の高さ、そして「ランド」の高金利。

わずかな証拠金で、その何倍もの金額が取引できるFXは、大勝負には適しています。

そして、そのFXを利用しての高金利通貨（ランド）の取引も、大勝負にはうってつけです。

もし、大勝負に出ないといけない状況であれば、この選択は正解だったのでしょう。

もっとも、そもそも大勝負に出る必要は、まったくなかったわけですが。

好事魔多し――うまくいっているときほど、意外なところに失敗が潜んでいる――

当時、諸々の余裕があったゆえに、「射幸心」「好奇心」「功名心」など、いろいろな気持ちが沸々と湧いてきて、FXで大勝負に出たわけです。

人間、追い詰められると視野が狭くなり、思考も狭くなります。

一方で、**余裕があり過ぎても視野が広がり過ぎて、アレコレ考え過ぎて、あらぬ方向に走り出してしまう**ことも、今回、身をもって実感しました。

うまくいっているときこそ、沸々と湧いてくる気持ちに振り回されず、より気を引き締めるべし……と、月並みな人生訓ではありますが、まぁ、ご参考までに。

また、**70万ランド分、ほぼ一気に買ってしまったことも、今回の大きなしくじりでした。**

百歩譲って、まったく必要ないのに「FXで70万ランド」という大勝負に出たことは、本人（私）の気持ちを優先させた結果ということで、まだ良いとしましょう。

しかし、70万ランドもの大金を一気に買ってしまったことは、投資においては、見逃せない大きなしくじりです。

これがせめて、一気に買わずに、何回かに分けて買っていれば、違った結果だったかもしれません。

最初は高値で買ったとしても、次に、急落後の安いときに買うことができていれば、むしろ、トータルでは利益が出ていたかもしれません（結果論ですが）。

高値掴みを避けるためにも、**一気に買わずに、何回かに分けて買うことは、投資の基本**です。

しかし当時は、大勝負とあってテンションが上がり、すっかりその基本を忘れておりました……もっとも、それは言い訳でしかありませんが。

約10年前 70万ランドを買ってみた

※当時、金利は1万ランドあたり1日約30円（70万ランドで1日約2000円）

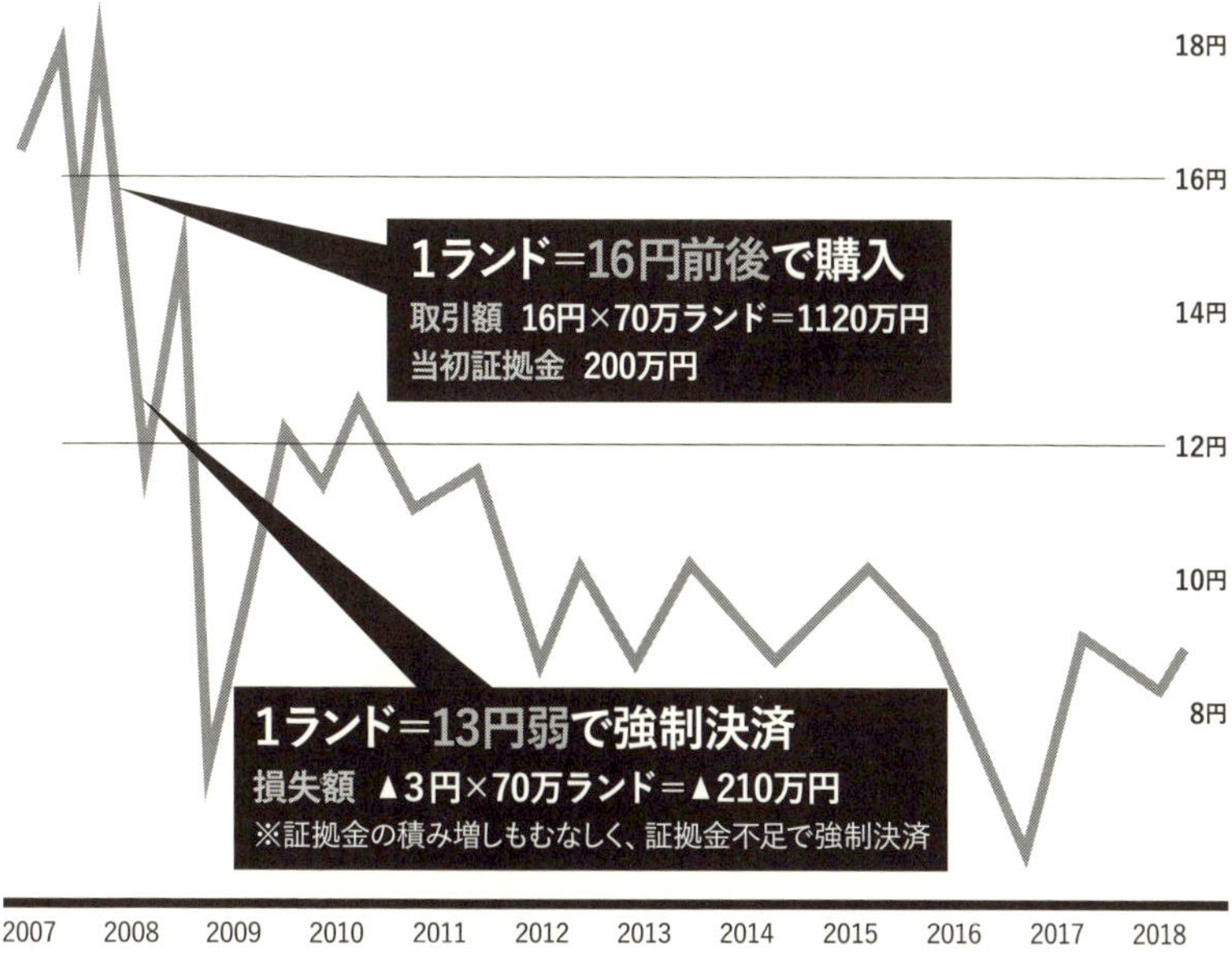

投資セミナーでは、南アフリカランドの失敗談をたびたび披露した。
他人の不幸は蜜の味（?）、いつも、なかなかウケは良いです。

それ以来、ＦＸに限らず、値動きのある商品を購入するときには、必ず、何回かに分けて買うことを強く意識しております。

ところで、「資産の分散投資」を心がけている人は多いのですが、「時間の分散投資」（前述の「一気に買わずに、何回かに分けて買うこと」と同じ意味です）を心がけている人は、意外と少ないもの。

分割購入が可能であれば、何回かに分けて購入することをオススメします。

購入回数は2回、3回、4回……と分ければ分けるほど、より分散効果は得られますが、究極の時間分散は『積立て』でしょう。「株式累積投資（株の積立て）」「投信積立て」「純金積立て」さらには「デパート積立て」「旅行積立て」などなど、いろいろな積立てがあります。**購入タイミングに悩まなくてもよい**、という大きなメリットもあるので、ご興味ある方は、ぜひ。

⚠ **まとめ**

⇩**投資収益が順調だからといって、大勝負に出る理由はない**

⇩**高値掴みを避けるためにも、何回かに分けて買うのが投資の基本**

⇩究極の時間分散投資は『積立て』

②手を出した理由は、とにかく、その金利の高さ。

1日で約2000円ものスワップ金利は、実に魅力的でした。

しかも、利息や配当金(分配金)は、一般には年2回、せいぜい年12回(毎月分配型)の受取ですが、スワップ金利は「毎日受け取れる」ことも大きな魅力でした。たとえるなら、毎日、ちょっと豪華なランチがタダで食べられるようなものです。

年間だと、なんと約73万円。

もし、これだけの利息を金利0・1%の定期預金で得ようと思えば、7億3千万円も預けなければいけません(税金考慮せず)。それがたったの(?)証拠金200万円で得られるのですから、FXの資金効率の良さは、半端ではありません。

なので、このスワップ金利狙いでFXをやる人も少なくありません、というか、私自身がまさにそうでした。

そして、そんなスワップ金利派が掲げるスローガンが、「**スワップ金利がドンドン貯まっ**

ていくので、円高になっても（為替差損が発生しても）カバーできる」です。

当時は1万ランドで、1日あたりのスワップ金利は30円でしたから、年間で約1万円貯まりました。

ということは、1年間で1円円高（＝1万円の為替差損）になっても耐えられるということです。10年間だと約10万円貯まり、10円円高でも耐えられるわけですね。これは1ランド＝16円が、6円にまでなったとしても耐えられるので、かなりの円高耐性を持つことになります。

ちなみにこの理屈（高金利で円高を穴埋め）は、ＦＸに限らず、高金利通貨建て商品のセールスの常套句です。理屈は通っているので、私もこのスローガンに、すっかり魅了されておりました。

ただ、今になって思えば、**その円高耐性は、スワップ金利がしっかり貯まっていればこそ。**

スワップ金利が貯まる暇もなく、急激な円高（為替差損）に巻き込まれては、その高金利メリットを享受することなくゲームオーバーとなってしまいます。

残念ながら、今回、私はそんな憂き目にあったわけです。

スワップ金利がいくら高いといっても、急激な円高（為替差損）の前には、簡単に吹き飛んでしまいます。

実際、10日程で一気に1円円高（1万円の為替差損）になったときなど、その間のスワップ金利（30円×10日＝３００円）はゴミみたいなものですね。

短期の為替変動による損益の方が、はるかに大きいのです。

高金利通貨の多くは新興国で、そういった国は、脆弱な経済、不安定な政局により、通貨は短期間で大きく動きます。なので、スワップ金利が貯まる間もなく、証拠金が尽きてゲームオーバーになる可能性が高いのです。

また、金利が高い国というのは、一般には物価上昇率も高いもの（いわゆるインフレ状態）。

モノの値段が上がるということは、相対的に、通貨の価値が下がることを意味します。それはつまり、経済の理屈からすれば、高金利の国の通貨は、長期的に見て下落傾向にあると言えるのです。

実際、２００８年から２０１８年までの直近10年間で見ると、高金利通貨の代表である**南アフリカランドは16円から9円まで、トルコリラは90円から30円まで下落**しております。

すなわち、**短期・長期、いずれにせよ、高金利通貨（≒新興国への投資）には、大き**

なリスクがあるということです。しかし、私は**1日2000円のリターンのみに目を奪われ、多額の資金を投入してしまったことが、今回のしくじりでした。**

実際、ランドについては、「南アフリカと言えば、ワールドカップが開催されるしなぁ(当時)」程度の甘々の認識で、南アフリカの情勢をまったくと言っていいほど考慮しておりませんでした。

大量のランドを購入した後、あらためて、南アフリカの政治・経済の不安定さを実感するのでした。

もっとも、それで大失敗をした後も、同じく高金利・政情不安定であるトルコ（リラ）を選んでいるあたり、残念ながら、今回のしくじりは、あまり活かせていなかったようです……それくらい、FXでの高金利（＋毎日のスワップ金利受取）は魅力で、分かってはいても、その魅力に抗うことはできませんでした。

⚠ **まとめ**

⇩**「高金利で円高を穴埋め」は、高金利通貨建て商品の常套句**

⇩**スワップ金利がいくら高くても、急激な円高の前には簡単に吹き飛ぶ**

⇩**高金利の国の通貨は、長期的に見ると下落傾向にある**

③「不労所得生活も夢ではない」と、妄想に浸るのでした。

夢を描いて、それに向かって行動することは、素晴らしいことです。

夢に向かって盲目的に突っ走ることで、存分に力を発揮して、驚異的な成功を収める人もいることでしょう。

しかし投資の世界では、夢に心を奪われてしまうと、情報収集や分析作業などが疎かになって、失敗してしまう可能性大なのです。

とくに、「不労所得」といった魅力的な言葉に惑わされ、失敗する人が多いのです……実際、**私も「不労所得」との言葉に心奪われ、しくじったわけですが。**

FXは、そんな不労所得生活の夢を見やすい（見せやすい）商品なのです。

たとえば、驚異的なスワップ金利をことさら強調することで、不労所得生活はグッと現実味を帯びてきます。

当時、私は70万ランドを証拠金２００万円で取引していましたが、証拠金は50万円弱でも可能でした。

70万ランドのスワップ金利は１日２０００円、つまり年間73万円。すなわち、証拠金50万円で年間73万円の収入ですから、**証拠金５００万円なら年間７３０万円の収入となります。**

……案外簡単に、不労所得生活ができそうですね。実際、そのようなシミュレーションを使ったセミナーや勧誘も、よく耳にします。

ただ、そんな驚異的なスワップ金利（年利で146％！（スワップ金利73万円÷証拠金50万円）は、あくまでも「証拠金（50万円）」をベースにしたものです。

実際には、その金利を得るために、「取引額（70万ランド≒1120万円）」の分だけ、大きな為替リスクを抱えているのです。わずかな証拠金など、少し円高になれば簡単に吹っ飛んでしまいます。そして、高金利通貨の変動は、総じて激しいものです。

また、そもそも金利は変動するので、未来永劫、この高金利が続くとは限りません（実際、当時に比べると、現在のランド金利はかなり下がっております）。

FXのしくみをきっちり理解し、高金利通貨のリスクをしっかり把握していれば、そんな夢の「現実」を知ることになるでしょう。

しかし、**彼ら（セミナー講師や勧誘してくる人たち）は、そんなFXの素晴らしさをイメージで訴え、夢から覚まさせないのです。**

彼らは、「FXで経済的自由人に！」的なキャッチフレーズで、煌びやかな暮らしぶりをアピールしてきます。

また、世界各国の通貨を取引することも、グローバルなカッコよさを演出するのにもってこいです。

そんなイメージ戦略は、ＦＸのリスクを覆い隠して、メリットのみを強調するにはうってつけで、洗脳（？）も簡単にできてしまうのです。

そして、一度脳裏にこびりついたイメージは、なかなか払拭できません。

なので、ＦＸをやるにあたっては、漠然とした夢に惑わされず、しっかりとそのしくみとリスクを把握すべきです。悪徳業者でなくとも、ＦＸの広告・勧誘には、多かれ少なかれ、イメージ戦略（※）はあるものなので、注意が必要ですね。

⚠まとめ

⇩ＦＸは「不労所得生活」の夢を見やすい商品

⇩投資の世界では、〝夢〟に心を奪われると、情報収集や分析作業が疎かになる

⇩ＦＸのリスクを隠して、メリットのみを強調するセミナー講師や悪徳業者には要注意

※不労所得生活とまで言わなくても、お小遣いが毎日入ってくる、みたいなイメージ。

④1円円高（ランド安）になると、70万円もの損失が出ることを、あらためて実感させられるのでした。

私が入金した200万円は、あくまでも証拠金として。

でも実際の取引額は70万ランド、当時の為替レートで約1120万円もの大金であるとは、十分に分かっておりました、**頭では。**

頭では分かっておりましたが、それでは1100万円を超える金額を動かしていたという「実感」があったかというと……正直言ってあやしいものでした、というか素直に告白すると、その実感はほとんどありませんでした。

1日あたりのスワップ金利2000円（年額73万円）も、証拠金200万円に対して捉えておりました。

なので、**「36・5％（73万円÷200万円）とは、驚異的な利回りだな」**と考えていたことを、今ここで、正直に告白いたします。

そのように、**実際に抱えていたリスクの大きさを把握（実感）していなかったことが、今回の大損失につながった**ことは、言うまでもありません。

ただ、言い訳がましいようですが、よほど意識しないことには、人間心理としては、どうしても「実際に出したお金（証拠金額）」が元本と思ってしまうようです。

だからこそ、よほど意識するしかない、ということですね。

とにかく愚直に、事あるごとに、取引金額の分だけリスクを抱えていることを、しっかりと意識するしかないのです。

これは心構えの問題ですから、何か特別な裏ワザや抜け道はありません。

それができないのであれば、**取引金額と同額の証拠金を用意しておく**しかないわけです（実はコレ、ＦＸの有力な投資方法として有名でして、詳しくは「しくじり⑥の解説」にて）。

⚠**まとめ**
⇩**証拠金だと、大金を動かしている実感があまりない**
⇩**利回りが高いことに惑わされてはいけない**
⇩**実際に抱えているリスクの大きさをしっかり意識する**

⑤結局、いずれも50円前後での購入となりましたが。

前回、70万ランドをほぼ一気に買ってしまった（結果、高値掴みとなった）というしくじりから、リラは2ヵ月ほどかけて、4回に分けて買いました。

しかし、4回に分けて買ったとはいえ、2ヵ月間での値動きは小さく、結局、買値はすべてほぼ同額（50円前後）だったのです。これでは、一気に買ったのと同じですね。

時間分散を意識するあまり（2週間ごとに買う、というルールに縛られ）、その購入額まで意識しておりませんでした。

これは、どうするべきだったのか……今なら、ハッキリ分かります。

1回目より2回目、2回目より3回目、前回の購入時よりも、必ず安い価格で購入することです。

1回目は50円で買って、その際に、たとえば48円、46円、44円といった感じで「指値注文」を入れておくのです。いわゆる「ナンピン買い」ですね。こうすれば、リラが下落（円高リラ安）した際、自動的に購入することになります。

そうすれば、リラが下落しても、「安い価格で買い増せる」ので、それなりに嬉しいわけです。

リラが下落しなければ、買い増すことはできませんが、それは「大きな損失が出ていない状態」で、その間もスワップ金利が積み上がっていくわけですから、それはそれで嬉しいわけです。

どちらに転んでもメリットを感じられる、精神衛生上、優れた投資法だと思っております。

FXの注文有効期限は、無期限にすることができます。

なので、一度注文を入れておけば、それはず〜っと有効なので、とても便利なのです。

株式等の注文有効期限は1週間、長くてもせいぜい3週間程度ですから、実はコレ、FXの大きなメリットの1つなのです。

そして、指値注文のコツは、**「まさか、ここまで下落することはないだろう…」**というところまで、たっぷり下がりきった安値まで、注文を入れておくこと。なので、トルコリラであれば、たとえば、42円、40円…30円くらいまで注文を入れておいてもよかったわけです。

さらに、有効期限は無期限なので、為替変動は数年スパンで捉えましょう。

高金利通貨（≒新興国通貨）は、想定以上に激しく変動します。実際、今回私が50円で購入したリラは、わずか2年ほどで30円まで下落したわけですから。

もし、30円あたりまで注文を入れていたなら、今頃、リラ長者（?）になっていたかもしれません。

約3年前（懲りずに）4万リラを買ってみた

※当時、金利は1万リラあたり1日約100円（4万リラで1日約400円）
※証拠金は多めに入れていた（少額だと少しの円高［為替差損］でなくなってしまう）

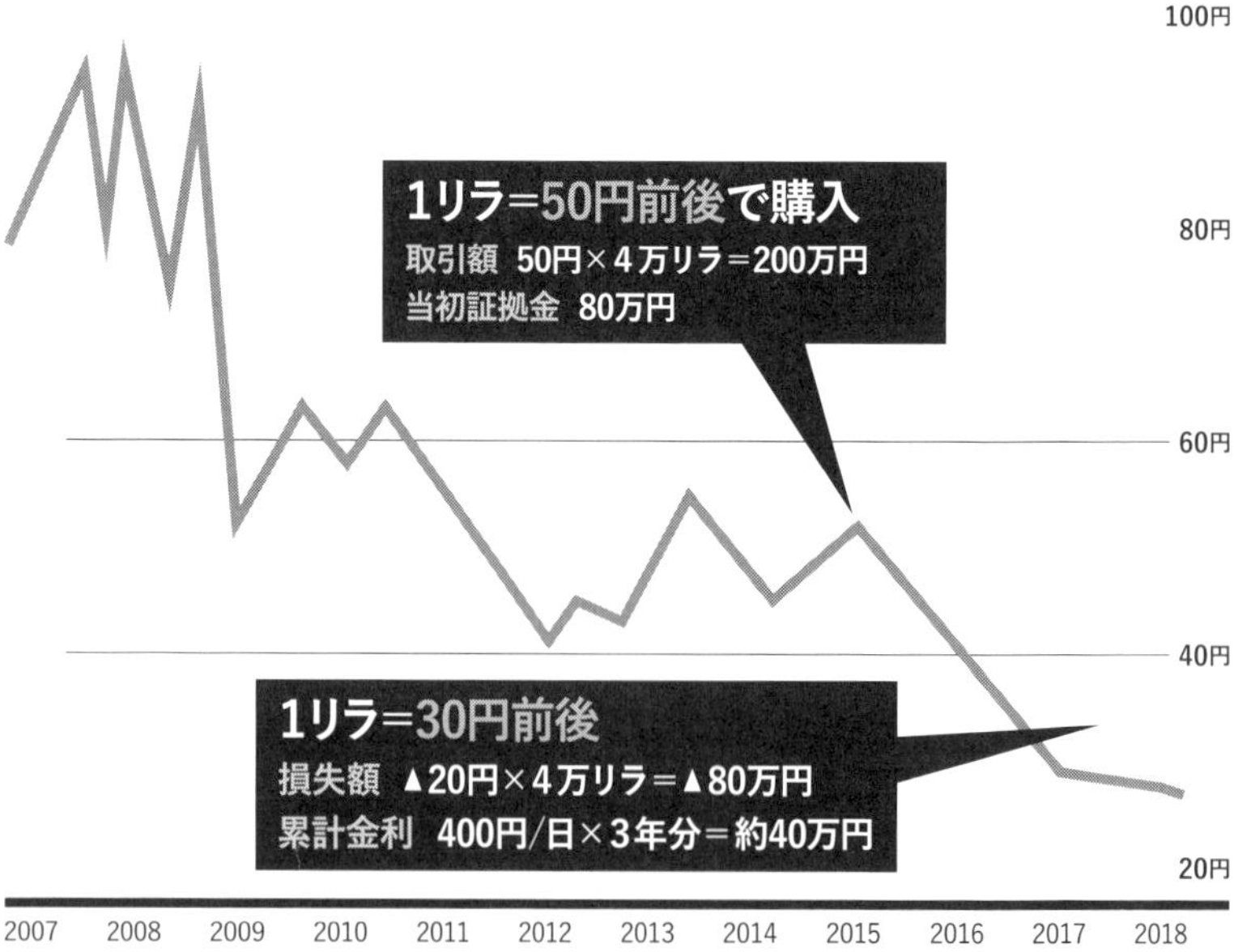

トルコリラでの失敗談も、セミナーでしっかり披露。
やはり皆さん、人の失敗話には興味津々です。

ランドも、当時の16円で一気に買わずに、15円、14円…そして5円くらいまで注文を入れておけば、今頃、ランド長者（？）になっていたかもしれません。一時、6円台まで下落したわけですから。

リラ長者、ランド長者になれば、スワップ金利は1日2～3万円いっていたのでは……と、まぁ、タラレバの話なら、なんとでも言えますね。

でも、それはまったくの夢絵空事ではなく、そのときに行動（徹底した安値での指値注文）していれば、十分可能だったと後悔しております（そして今更ながら、リラは20円まで、ランドは5円まで注文を入れております）。

もっとも、そのためには、通貨下落の際、証拠金不足で強制決済とならないよう、たっぷりと証拠金を入れておく必要がありますが……そのあたりは、次の「しくじり⑥」にて触れております。

⚠まとめ

⇩前回の購入額よりも必ず安い金額で購入する

⇩FXの場合、一度注文を入れれば、ずっと有効なので便利

⇩ありえないくらいの下落まで指値注文を入れておく

⑥証拠金額は80万円と、ランドのときに比べ、（取引額に対する比率で）かなり多めの金額を入れました。

ＦＸでは、取引額と証拠金額との比率を、「レバレッジ」で表現します。

たとえば1ドル＝１００円として、1万ドル（１００万円）の取引額に対して証拠金が10万円だと、この場合のレバレッジは10倍となります。

すなわち、証拠金の10倍もの金額を取引している状態なのです。

ＦＸでは最高25倍までのレバレッジが可能ですが、あまりレバレッジを高めてしまうと、少し円高（為替差損）になっただけで証拠金不足に陥り、すぐに強制決済されてしまいます。

なので、スワップ金利目的であれば、長期的な為替変動にも耐えられるよう、証拠金はたっぷり入れておき、レバレッジは低めにしておくのがセオリーなのです。

ちなみにランドのときは、取引額70万ランド（約１１２０万円）に対して証拠金は２００万円でしたから、**レバレッジは約5・6倍**でした。

それに対し、今回は取引額4万リラ（約２００万円）に対して証拠金は80万円ですから、**レバレッジは約2・5倍。**前回のランドに比べれば、十分余裕をもってのつもりだったのですが……リラが50円から48円、45円、42円、40円、とじわじわ下落するにつれ、ヒヤヒヤするのでした。

取引額は4万リラですから、1円円高で4万円の損失、10円円高だと40万円の損失……あれよあれよと、証拠金の半分が溶けてしまうという事態になりました。

これはマズイと、さらに下落するリラを横目に、証拠金を追加投入して、なんとか強制決済は凌いでいる状況です。

ランドのしくじり（レバレッジを高め過ぎたこと）を活かしたつもりでしたが、今回は、**その活かし方が中途半端でした。**

FXの破壊力は、そんな中途半端なことでは、抑えることはできなかったのです。

FXでスワップ金利狙いの長期投資であれば、これでもか、というくらい、もっと思い切ってレバレッジを低くしておくべきだったのです。つまりは、証拠金をたっぷり入れておくべきだったのです。

そんな2度のしくじり（ランド・リラ）を経て、今では、スワップ金利狙いのFX投資では、**取引額と同額の証拠金を入れております（いわゆる「レバレッジ1倍」投資法）。**

証拠金の何倍もの金額を取引すると（レバレッジを利かせた取引をすると）、証拠金以上に損失が発生する可能性があります。

であれば、最初から「証拠金＝取引額」とルールを決めておけば、証拠金以上に損することは絶対にありません。

そのルールを徹底しておけば、ついつい熱くなってしまう人には、いい歯止めになるはずです。

また、どうしても証拠金ベースで捉えてしまい、取引額ベースの正確なリスクを把握できない人にとっても最適で、実は、知る人ぞ知る投資法なのです（しくじり④参照）。

そしてたいていの場合、私のように1度（2度？）、**レバレッジを利かせすぎて痛い目にあった人間が、ようやくたどり着く投資法**でもあるのです。

この場合、ＦＸの魅力の1つである「資金効率の良さ」は放棄することになります。

しかし、「手数料の安さ（他の外貨取引に比べて圧倒的に安い）」「金利水準の高さ（他の外貨取引に比べて圧倒的に高い）」「使い勝手の良さ（24時間取引可）」など、ＦＸの他のメリットは享受できます。

世間一般ではＦＸのイメージはあまりよくないようですが、しっかりレバレッジをコントロールして、それらメリットを考慮すれば、外貨預金などに比べ、ＦＸの方がはるかに優れた商品なのです……と、少なくとも、私はそう思っています。

なので、最初から（痛い目にあってからではなく）、割り切って、この「レバレッジ1倍」投資法を実践している人は、冷静沈着かつ知識豊富な投資家と認定させていただきます。

⚠ まとめ

⇩証拠金を多めに入れて、レバレッジは低めにしておく

⇩取引と同額の証拠金を入れておく「レバレッジ1倍」投資法がオススメ

⇩「資金効率の良さ」はなくなるが、「手数料の安さ」「金利水準の高さ」「使い勝手の良さ」などのメリットは残る

⑦新興国ならではの経済・政治面の脆弱さが次々に浮き彫りとなり

革命やクーデターなど、日本で暮らしている我々には、およそ想像がつかないようなことが普通に起こるのが、新興国（≒高金利通貨）の怖さです。

２０１６年トルコクーデターの際には、「トルコ崩壊か？ リラ消滅か？」といったネットニュース（ネットではすぐに極端な意見が出てきます）にビクビクし、無事、鎮圧されたときには、心の中でエルドアン大統領に拍手喝采を送りました。

また、南アフリカでの財務相（含む10名もの閣僚）解任劇なども記憶に新しいところですが、ランドを大量に保有する人にとっては、これは日本の政治情勢よりも気になるところではないでしょうか。

新興国では、経済・政治面の脆弱さから、そんな（悪い意味の）サプライズが多いのです。しかし、だからといって、高金利通貨（≒新興国投資）を避けるのはもったいないことです。やはり高金利は魅力ですし、また、先進国ではあり得ない経済成長率も、大きなリターンを予感させます。新興国は、そんな投資魅力に溢れた国なのです。

なので、高金利通貨（≒新興国）への投資自体が、しくじりということではありません。

今回のしくじりは、ランドやリラといった高金利通貨への投資に偏り過ぎたことです。

というか、一時は、ＦＸでの保有通貨はすべてランドでした。

その後、リラに投資したときも、実はこっそり、メキシコペソやポーランドズロチなど、よりマイナーな高金利通貨（≒新興国）にも投資していたのです。

ＦＸでは、そんなマイナー通貨に投資できることも大きな特徴の一つで、ちょっとミーハーな気持ちが後押ししたことも、ここに正直に告白いたします。

ただ、これはかなりリスクを負っている状態であることは、言うまでもありません。

ハイリスクな高金利通貨に投資するのはかまいませんが、その場合、しっかりと耐えられる範囲にとどめておくのが、基本中の基本です（今回はそれができずに、大損したわけですが）。

そして、今回のしくじりで得た教訓は、当たり前のことですが、通貨の分散。

為替の世界では、**どこかの通貨が安くなれば（売られれば）、どこかの通貨が高くなります（買われます）**。

新興国通貨が下落すれば、すなわちそこから資金が流出すれば、その資金は他の通貨に向かいます（一般には、先進国通貨であるケースが多い）。

なので、最近は米ドルやユーロなど、低金利ではありますが、そこは全体のバランスを重視して、多くの通貨に分散を心がけております。ちなみに個人的には、財政・政情が安定していながらも、比較的高金利の豪ドルなど、オススメです。

そして取引の際には、取引額と同額の証拠金を入れて（しくじり⑥参照）、一気に買わずに、十分な安値での指値注文を入れて（しくじり⑤参照）と、これまでのしくじり経験を十分に活かし、ＦＸと向き合っております。

⚠まとめ

⇩ランドやリラといった高金利通貨への投資に偏り過ぎない

⇩投資する通貨は分散させる

⇩財政・政情が安定しながらも、比較的高金利の豪ドルがオススメ

3章

FXで200万円超の大損失…南アフリカランド・トルコリラの恐ろしさ

4章

リーマン・ショックで資産半減！

2008年9月、アメリカの投資銀行「リーマン・ブラザーズ」が破綻するなど、世界的な金融危機が発生しました。

俗に言う「リーマン・ショック」で、これで大きな損失を被った投資家は少なくありません。

実は私は、このリーマン・ショックの数年前から投資にのめり込み、なんと、全財産の8割以上を、主に世界各国の株式・通貨などに投資しておりました。

そして当然の如く、リーマン・ショックで壊滅的な損失を被ることとなりました。

歴史的な金融危機に巻き込まれたとはいえ、なぜ、それほどまでの損失を被ったのか……

そして、その悲惨な状況から何を得たのか……その体験を綴っていきたいと思います。

しくじり体験

独立開業して数年経った2004年あたりのこと、時間と気持ち、そしてお金に若干の余裕が出てきた私は、本格的に投資を始めることにしました。

自営業ゆえ、そこには、少しでも老後資金を増やせれば……との思いもありました。

まずは、もともと興味のあった「株主優待」を目的に、吉野家やマクドナルドなどの優待銘柄を物色。

身近な会社の株主になれることが嬉しく、他にもサンマルク、キユーピーなど身近な優待銘柄を次々に購入し、気が付けば、その購入額は軽く100万円を超えていました。

そして、次に気になったのが投資信託（ファンド）で、とくに外国株式に投資するタイプに目を付けました。

世界中の株式に投資できることが嬉しく、欧米株式ファンドのみならず、**①当時流行っていた、新興国に投資するBRICsファンドも、勧められるがままにガンガン購入。**気が付けば、購入額は軽く200万円を超えていました。

それで外国株式に慣れたのか、中国株の個別銘柄も200万円ほど購入します。

ここまでくれば、何の抵抗もなく、前々から気になっていた金（プラチナ）ファンドも100万円程購入。さらにはFXにも手を出し、南アフリカランドを200万円程購入しました（45ページ参照）。

と、まるでスーパーの買い物カゴに商品を入れていくかの如く、**②気になったモノから、ドンドンと買っていくのでした。**

最初は恐る恐るの取引でしたが、「買い慣れて」きた頃には、定期預金なども解約し、投資資金に充てるようにもなりました。

気が付けば、当時の全財産1000万円弱のうち、8割以上を投資に回していたのです。当時は若かったとはいえ、これは相当リスクを抱えた状態です。ただ、**③その投資に回していた資金は、当面は使う予定のないお金だったので、私はとくに気にはしておりませんでした。**

また、当時は株高・円安の波が続いていたこともあり、その危険な状態に気付かず、呑気に構えておりました。

そこにきて、2007年のサブプライムローン問題、そして2008年のリーマン・ショックです。

世界中の株式市場は大暴落、為替も急激な円高が進行し、大荒れとなりました。

私の保有資産も軒並み暴落、中には半減どころか、数分の一まで下落したものも……FXに至っては、証拠金がほぼ吹っ飛んでしまいました（44ページ、しくじり『FXで大損失』参照）。

結果、資産の大半を投資に、しかも株式に、しかも新興国に回していた私は、推定400万円～500万円もの損失を被り、金銭的にも精神的にも、壊滅的なダメージを負ってしまいました。

④まさか、こんなことが起こるなんて……と、茫然とするしかありませんでした。

これには大きなショックを受け、**⑤しばらくは投資のことは考えられずに、半年くらいは、投資から離れておりました。**

……そして今では、そのしくじりを大いに活かし、また来るであろう金融危機に備えて、「細かな分散投資」と「投資に回す上限額」を徹底して意識しております。

しくじりポイント

①当時流行っていた、新興国に投資するBRICsファンドも、勧められるがままにガンガン購入。

BRICsとは、ブラジル・ロシア・インド・中国（チャイナ）の頭文字を取った造語で（「s」は複数形の意味とも、南アフリカの頭文字とも、言われています）、将来、大いなる経済成長が見込める新興国として、当時、投資の世界では注目の的でした。

そして、それらの国（の株式や債券）に投資するファンドが当時、大いに流行っており、売れに売れていたのです。

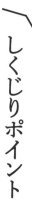

では、なぜ流行っていたのか（売れていたのか）……それは、銀行や証券会社などが、こぞって熱心にセールスしていたからです。

では、なぜ熱心にセールスしていたのか……それは、売る側が儲かるからです。

では、なぜ儲かるのか……それは、手数料（コスト）が高いからです。

投資信託の手数料（コスト）とは、販売時の販売手数料や、保有時の信託報酬などです。

そして、そういった売れ筋ファンドの販売手数料は２～３％、信託報酬は年間１％後半から２％程度と、他のファンドと比べ、極めて高水準なのです。

それだけの**手数料が見込める（＝金融機関が儲かる）からこそ、熱心にセールスしてくる**のです。

一方で、手数料の稼げない商品、たとえばＥＴＦなどは、あまりアピールはしていないはずです。

しかし、手数料（コスト）が高くても、それは、運用成績には一切関係ありません。

実際、私がＢＲＩＣｓファンドを購入してからしばらくは、その価格は上昇傾向でしたが、リーマン・ショック時には、目も当てられない結果となってしまいました。

ただ、それは結果論であって、相場の予想など不可能ですから、損をしたこと自体はしくじりではありません。

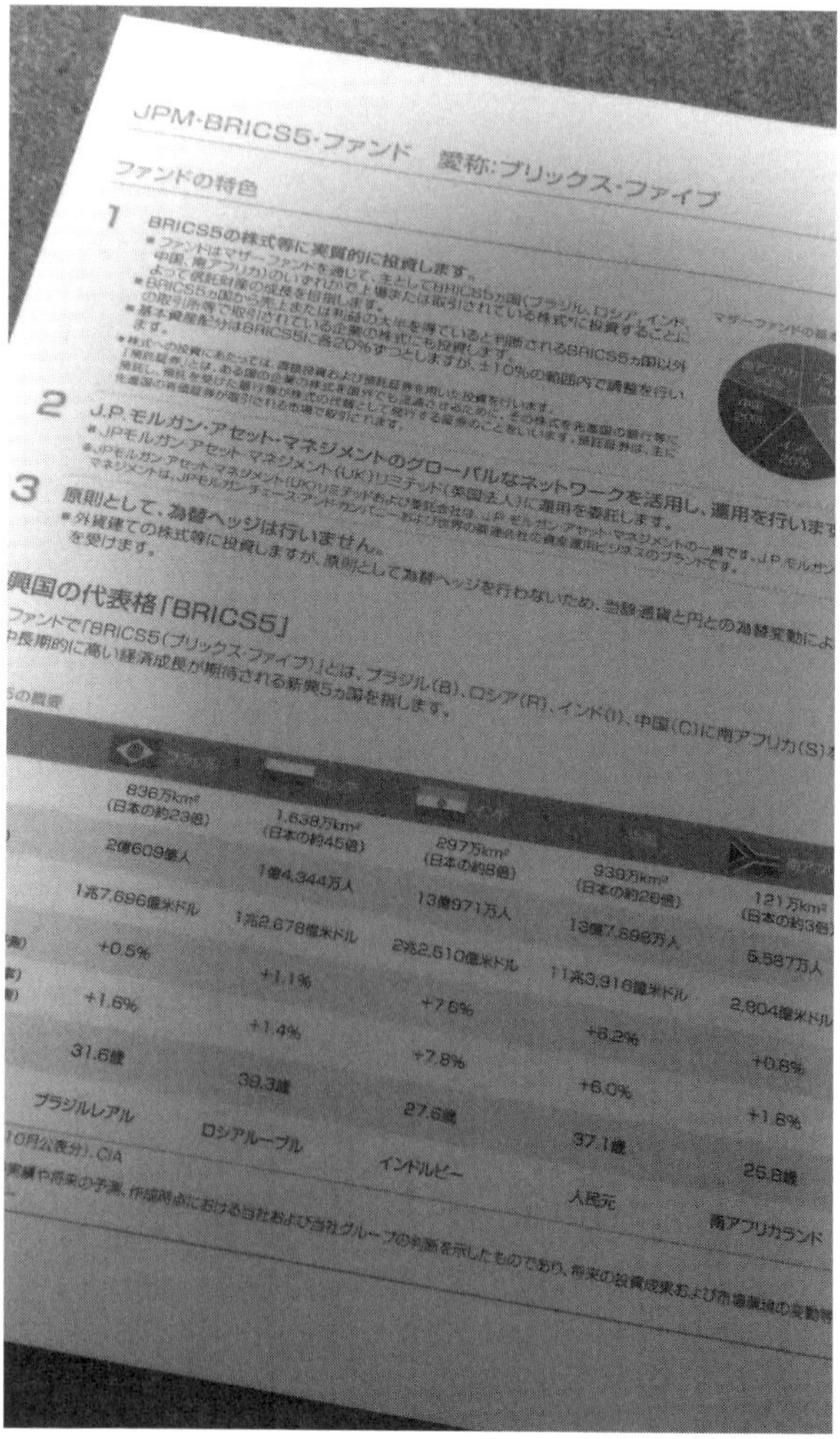

BRICsファンドの一つ、「JPM・BRICS５・ファンド」の販促資料。
ブラジル・ロシア・インド・中国、そして南アフリカの概要が
分かりやすくまとめられている。

ここでの**しくじりとは、自分の頭で考えず、自分でたいして調べもせずに、勧められるがままに購入してしてしまったこと**です。

正確には、窓口で直接勧められたわけではなく、BRICsファンドのパンフレットや雑誌広告に魅了され、前のめりになってしまったのです。まだ投資経験が浅く、そしてまだ若かった私は、「今、買わないと損」とばかりに、それら新興国に投資するタイプのファンドを、次々に購入していったのです。

ただ、そうやって勧められるがままに買ってしまうと、すなわち、金融機関の思惑に乗っかって買ってしまうと、**投資の大原則である『自己責任』の意識が希薄になってしまう**のです。この場合、儲かっているときはいいのですが、損失が出たとき、その責任を勧めてきた金融機関のせいにしてしまうのです。

もちろん、（重要事項の説明義務違反などがない限り）訴えることはできませんが、心の中では、どうしても「勧めてきたお前が悪い」となってしまうものなのです。実際、私もパンフレットや雑誌広告に、「話が違うやん！」と、一人でツッコミを入れて、憤っておりました。

そうなると、人は反省&学習をしないものです。

そしてまた、同じ失敗を繰り返します（勧められるがままに買って失敗した人の多くは、また、勧められるがままに買って失敗するものです）。

これこそ、勧められるがままに、すなわち、自分の頭で考えずに投資することの、最も性質の悪いところなのです。


しかし私は、当時、駆け出しとはいえ、プロのFP。しくじった後は、必ず、それを次に活かすように心がけておりました。なので、ひとしきり責任転嫁して被害者面した後は、意識して、反省&学習を心がけました。

その結果、今では、金融機関などが積極的に勧めてくるもの（雑誌等で大々的に売り出しているもの）は、基本的には買わないようにしております。

金融機関が**熱心にセールスしているその時点で、投資の候補から外してもよい**とすら思っています。

ちょっと極端かもしれませんが、それくらい徹底してもよいかと思っています（そして私は、それを実践しています）。ちなみに、金融機関が勧めてくるものは、多くの場合、そのキーワードは「流行」「複雑」です。

「流行」とは、流行に乗ったテーマを前面に出してくるということ。

ＢＲＩＣｓファンドなどは、まさに当時の流行ど真ん中でした。今なら東京オリンピックやＡＩ（人工知能）、そして仮想通貨といったところでしょうか。これら流行に乗ったテーマは、なんとなく儲かりそうなイメージもあって、高いコストであっても気にならない人が多いのです。

「複雑」とは、その商品設計が複雑なこと。

たとえば、為替やデリバティブ（複雑な金融取引）などを組み込んで、大きな収益を目指す「通貨選択型ファンド」などが有名です。他にも仕組み預金（高金利だが、条件によっては元本割れも）や、いろいろオプションがついている保険も、複雑な商品の典型例でしょう。

それら商品の仕組みは非常に複雑なので、高コストであっても、それが分かりづらく、売る側としては都合が良かったりするのです。また、説明の仕方によっては、なんとなく「スゴイ」「儲かりそう」と思わせることができるのです。

いずれにせよ、**「流行」「複雑」は売りやすくて、手数料が稼げる**ということです。

つまり、我々にとっては、要注意なキーワードなのです。

ちなみに、銀行や証券会社ならまだしも、名前も知らないような業者から突然、ＤＭや電話セールスでやってくる話は、より高コストな商品、というか、その多くは詐欺であると思ってください。

そして、彼らの勧めてくる商品のキーワードも、やはり「流行」「複雑」であることが多く、言葉巧みにセールスしてくるので要注意です。実は先日も、とある業者から突然、「太陽光発電に投資するファンドがあるのですが」と、電話セールスがかかってきました（「太陽光発電は、もう古いよ」と一蹴しましたが）。

⚠まとめ

⇩銀行や証券会社が熱心にセールスしてくるのは、手数料が高くて儲かるから
⇩商品の仕組みが複雑なものは、高コストであることが分かりづらい
⇩銀行や証券会社の「流行」というキーワードには要注意

②気になったモノから、ドンドンと買っていくのでした。

気の向くままに、欲しいものをドンドン買っていくことは、楽しいに決まっています。今回購入したものは食べものや服などではなく、株や投資信託などの「資産」ですから、無駄遣いをしているという罪悪感はまったくありませんでした。

むしろ、買い進めていくたびに、資産が増えていくような気がしておりました（実際、購

入当初は値上がりもしており、資産は増えておりました）。

ただ、このやり方だと、資産構成が相当偏ってしまう可能性が高いのです。

実際、私の場合、資産のほとんどが株式・外貨に偏ってしまい、全財産の8割以上がリスク商品という事態に……。

そしてその結果、リーマン・ショックで資産半減という、壊滅的な損失を被ってしまったわけです。


今回のしくじりは、アセットアロケーションをまったく考えていなかったことです。


アセットアロケーションとは、『資産配分』のこと。

たとえば、国内株式、国内債券、外国株式、外国債券、不動産、金（プラチナ）……といった運用資産の「資産クラスの振り分け」のことです。

ちなみにポートフォリオ（言葉としては、こちらの方が有名ですね）とは、『運用商品の組み合わせ』のこと。

たとえば、A株、B株、C債券、D債券、Eファンド、Fファンド……といった具体的な銘柄の組み合わせのことを言います。

これをお弁当にたとえれば、アセットアロケーションとは、「ごはん」「おかず」「デザート」などの配分（間仕切り）を決めることで、ポートフォリオとは、その間仕切りに食材を詰めていく作業のことです。

なので、まずはアセットアロケーションを決めてから、ポートフォリオを組んでいくのが、一般的な手順です。なぜなら、まずはアセットアロケーションをしっかり考えることで、偏った資産配分を避けることができるからです。

それを私は、**いきなりポートフォリオを組んでいった（気の向くままに個別商品を買っていった）**のでした。

そのせいで、お弁当にたとえれば、おかずばっかり（しかもお肉ばっかり）で、ごはんや野菜がほとんど入っていないような、バランスの悪いお弁当が出来上がってしまったのでした。

アセットアロケーションをまったく考えていなかった私は、国内債券（比較的リスクが低く、株式や外国資産と逆の値動きをすることが多い）はまったく配分しておりませんでした。せめて少しでも組み入れていれば、まだ傷は浅く済んだかもしれません……。

実は、**アセットアロケーションを決めた段階で、その運用成果の9割方は決まる**とも言われています。それくらい、アセットアロケーションとは、資産運用において大切なものなのです。

とはいえ、実際の資産運用となると、それがなかなかできないものです。

普通にしていれば、「コレ欲しい」「アレ気になる」と、どうしても個別商品（銘柄）が気になり、選んでしまうものです（私のように……）。
だからこそ、アセットアロケーションをしっかり意識したいところです。少し意識するだけで、資産運用の全体構成が見渡せます。それによって、より高い視点から、運用全体を捉えることができるでしょう。

もちろん、今回のしくじりで大損失を被った私は、今ではしっかりと、アセットアロケーションを意識しております。
それでも結局は、株・外貨の割合が7～8割となってしまってはおりますが、それは、**運用資産額の上限をきっちりコントロールすることで、リスクを抑えております**（詳細は、次の「しくじり③」にて）。

⚠まとめ

⇩アセットアロケーションを決めてから、ポートフォリオを組んでいく
⇩アセットアロケーションを決めた段階で、運用成果の9割方が決まる
⇩より高い視点から運用全体を捉える

③その投資に回していた資金は、当面は使う予定のないお金だったので、私はとくに気にはしておりませんでした。

今回の大損失の原因は、前述のアセットアロケーションをまったく考えていなかったこともありますが、それ以前の問題として、投資に回していた資金の割合が、異常なまでに高かったことにあります。

全財産の8割以上を運用（しかも、その大半が株式・外貨）に回すとは、当時、若くて経験不足だったとはいえ、無謀以外の何物でもありませんでした。

しかし、まったくの無為無策というわけではなく、**投資の大原則ともいえる、「投資は、余裕資金で」**については、しっかり意識しておりました。

ただ、**当面使う予定のないお金は、すべて「余裕資金」であると解釈**していたのです。

そして当時は、とくに大きな出費の予定はなかったことから、1年間くらいの生活費以外は、すべて運用に回していたのでした。その結果が、全財産の8割以上ということです。

余裕資金の捉え方は人によってマチマチですが、今思えば、**今回のしくじりは、その余裕資金の基準がとことん緩かった**ということです。

そんなことから、今回のしくじりは、あらためて「余裕資金とは何か」を考え直す、よい機会となりました。

そこでまず頭に浮かんだのは、「ライフプランにまったく影響しないお金である」ことです。つまり、当面は使う予定がなくても、将来、目的が決まっているお金は「余裕資金」ではありません。なので、それを運用に回すことはありません。

この考えなら、運用で大失敗しても、極端な話、運用資金がゼロになったとしても、生活に影響しないので大丈夫です……が、それでも、精神的な大ショックは避けられないですね。そういった意味では、生活に影響してしまいます。

そんなことをいろいろと考え、そして至った結論が、**余裕資金とは「なくなってもよいお金」**ということでした。

たとえゼロになったとしても、「ああ、失敗したな」で済ませることができるお金と、私は余裕資金を再定義することにしました。

このように、今回のしくじりを踏まえ、私は「余裕資金」の捉え方を、かなり厳しく設定することにしたのです。

なぜなら、「**投資では、何が起こるか分からない**」ことを、今回、身をもって知ったからです。

過去のデータがまったく役に立たないくらいの大異変も、我々が思っている以上に、頻繁に起こっています（詳細は「しくじり④」にて）。なので、少なからずライフプランに影響を及ぼすお金は、決して「余裕資金」ではなく、絶対に運用に回さないでおこうと誓ったのでした。

そういった意味では、**運用に回す余裕資金は、「趣味代」「コレクション収集費」**とも思っております。

つまり、**投資そのものを楽しむというスタンス**でいれば、少しでもお金が残ったら（ゼロにならなければ）儲けものなので、これは精神衛生上、非常に楽なのです。

そして、このように投資を趣味と捉えれば、自ずと、運用に回せる金額の目安も見えてくるわけです。

幸い、酒・車・ゴルフといったお金のかかる趣味は一切持たない私は、全財産の2～3割程度を運用に回しております。

もっとも、投資を「趣味」と捉えることについてはいろいろ意見があるところでしょうが、少なくとも私はこの考え方で、非常に楽になりました。私の周りでも、投資を楽しんでいる人の多くは、投資を「趣味」として捉えていますし、さらに言えば、「ゲーム」と捉えている人も少なくありません。

逆に、目的資金を運用に回して、資産運用をライフプランに組み込んでいる（ある程度増やすことを前提にライフプランを設定している）人の多くは、運用のプレッシャーに縛られているようにも思えます。

ちなみに、前者（投資を「趣味」と捉えている人）の方が、運用成績が良かったりもするわけです。

⚠まとめ

⇩余裕資金は「なくなってもよいお金」と定義

⇩たとえゼロになっても「ああ、失敗したな」で済ませる

⇩投資そのものを「楽しむ」というスタンスで

④まさか、こんなことが起こるなんて……と、茫然とするしかありませんでした。

投資にはリスクがあって、想定外の大暴落も起こり得る……ことは十分に分かってはおりました、頭では。

アメリカのブラックマンデー、日本のバブル崩壊など、経済史上の大暴落も、もちろん知っておりました、知識として。

ただ、バブル崩壊時（１９９０年）、まだ中学生だった私は、そういった想定外の大暴落を、リアルに実感などはしておりませんでした。なので、バブル崩壊などでエライ目にあった人の話などを聞くことがあっても、「ふ〜ん、それは大変だったんですね」と、どこか他人事でした。

そんなことから、心の奥底では、経済史上に残るような大暴落なんて、**実際にはそうそう起こるわけがない…自分が遭遇することなんてまずはない…と高をくくっていたのです。**

しかし今回、リーマン・ショックという、経済史上に残る大暴落に遭遇したわけです。

このとき、「経済史上に残るような大暴落なんて、そうそう起こるわけがない」と高をくくっていた私は、**まったく心の準備ができていませんでした。**

それゆえ、金銭的な大ダメージはもちろんのこと、精神的にも大きなショックを受けてしまったのでした（その結果、しばらく相場から離れてしまった。詳細は「しくじり⑤」にて）。

リーマン・ショック級の金融危機は、統計学的には、50年に一度とも、１００年に一度とも言われています。

しかし、過去を振り返ってみると、ブラックマンデー（1987年）、日本バブル崩壊（1990年）、アジア通貨危機（1997年）と、50〜100年に一度級の金融危機は、わりと頻繁に起こっているではありませんか。

もっともこれは、投資の世界だけではありません。

たとえば、統計学上の「数十年に一度レベルの異常気象」など、わりと数年ごとに発生しているような気がしませんか？

これは統計学の世界でもいろいろと説はあるようですが、少なくとも、**我々の肌感覚として、想定外のことが起こり得る確率というのは、「計算上の確率」と「実際（現実）の確率」では、かなり違う**ということです。すなわち、現実の世界においては、計算上の確率は、あまり当てにならないということです。

今回のしくじり（想定外の大暴落など、そうそう起こらないと高をくくっていたこと）の原因として、想定外の大暴落が起こり得る確率を、「計算上の確率」として捉えていたことがあります。ゆえに、「そうそう起こるわけがない」と、その見積もりが甘くなってしまったのでした。

もっとも、「実際（現実）の確率」で厳しく見積もっていたからといって、大暴落そのものを避けることは難しいでしょう。

しかし、「十分に起こり得る」と心積もりができていれば、いざ、その大暴落に遭遇したときのショック度合いは、幾分軽くはなっていたことでしょう。また、「十分に起こり得る」と思っていれば、それなりの対策も考えていたことでしょう。

具体的には、前述のアセットアロケーションも意識していたでしょうし、そもそも、全財産の8割以上を運用に回すことなど、怖くてできなかったと思います。

まぁ、起こってしまったことは仕方ないとして、その教訓を活かし、今では、またやってくるであろうリーマン・ショック級の大暴落に備えて、**「想定外の大暴落は、十分に起こり得る」ことを肝に銘じております。**

私が生きている間に、「100年に一度」級の金融危機は、少なくともあと2～3回くらいは起こるのでは、と思っております。とくに根拠はありませんが、これまでの肌感覚として。


ところで、「ブラックスワン」という言葉をご存知でしょうか?

これは、かつてオーストラリアで「黒い白鳥」が発見されたことから、従来の知識・経験からはまったく予測できない事象が発生し、それまでの常識が大きく覆され、その事象が世の中に大きな影響を与えることを言います。

金融（投資）の世界には、そんなブラックスワンが、いたるところに潜んでいるとされるのです。

となれば、今後、「100年に一度」どころか、これまで誰も経験したことがないような金融危機も、起こり得るとも思っています。

そう考えると、「しくじり③」から至った結論である、「余裕資金は『なくなってもよいお金』」、そして、「運用に回す余裕資金は『趣味代』」というスタンスは、絶対に徹底していこうと思うのでした。

⚠まとめ

⇩想定外の大暴落は十分に起こり得ると肝に銘じておく

⇩〝100年に一度〟級の金融危機は向こう50年間で2〜3回は来る

⇩常日頃から、〝そのとき〟のための「心の準備」と「リスクヘッジ」を

⑤しばらくは投資のことは考えられずに、半年くらいは、投資から離れておりました。

投資でやってはいけないことの筆頭格が、暴落で損失を被り、ショックのあまり、相場から離れてしまうことです。

最悪の場合、そのまま「引退」してしまうことです。

残念ながら、私の周りでも、リーマン・ショックで大損失を被り、もう二度と投資はゴメンだ、と、完全に投資から身を引いてしまった方が何人もいました。

熟慮に熟慮を重ねた上での「一旦退避」や「引退」ならともかく、**一過性のショックでやめてしまっては、絶対に後悔することになります。**

なぜなら、永遠に下がり続ける相場はなく、必ずどこかで底打ちし、どこかで上昇に転ずるからです。

しかも、下落が急激であればあるほど、リバウンドは大きいものです。そして、そのとき、絶対に悔しい思いをすることになるからです。

実際、2008年のリーマン・ショック後、世界の株式相場は2009年頭で底打ちをしております。

日経平均株価の場合、そのあとはしばらく小康状態が続きましたが、アベノミクス相場とともに、グイグイ上昇を始めました。

ＮＹダウ（アメリカの株式相場）にいたっては、２００９年頭から一本調子で上昇しております。

新興国株式相場も、やはり２００９年頭が大底で、そのあとは、株価変動のブレは大きいものの、大きな流れとしては右肩上がりとなっております。

いずれも、リーマン・ショック前の水準は回復しており、また、２００９年頭の大底からは、３倍程度まで上昇しております。２００９年頭の大底を見極めることは難しくても、そのあたりからソロリソロリと買い始めていた人は、大きな利益を手にしたはずですね。

しかし、**ショックでしばらく相場から離れてしまっていた私は、２００９年頭の大底付近ではまったく買えなかったわけで、これには大いに後悔することになったのです。**

結果論ではありますが、「アセットアロケーションをしっかり考えて（しくじり②）」、「なくなってもかまわない程度の資金で運用をしており（しくじり③）」、そして「とんでもない想定外のことも十分に起こり得ると心積もりをしていれば（しくじり④）」、このリーマン・ショックにも冷静に対応できたことでしょう。

であれば、どう考えても売られ過ぎで、明らかに割安になったモノを、少しでも買えていたことでしょう。

ただ、諸々しくじって大損失を被っていた私は、ショックのあまり相場すら見ておりませんで、明らかに売られ過ぎの割安大バーゲン状態であることにすら、気付いていなかったわけです。

ちなみに、保有していた国内株式はほぼすべて売却して完全に仕切り直し、FXは証拠金不足に陥って強制決済となりました（44ページ、しくじり『FXで大損失』参照）。

そんな中、投資信託の一部と外国債券は残していたので（というか、売り損ねただけ）、そのあとの回復局面で、壊滅的な損失を少しは埋めることができました。もっとも、本格的な回復（アベノミクス相場）の初期段階で売ってしまったので、そこでまた悔しい思いをするわけですが（8ページ、しくじり『アベノミクス急騰初動で投資資産を引き上げてしまう』参照）。

実は、今回のしくじりによる金銭的ダメージとあまりの精神的ショックから、一時は「投資からの引退」も考えておりました。

でも、なんとかそれを思いとどまり、立ち直ることができたのは、**保有していた中国株だけは、リーマン・ショック直前に、高値で売り抜けることができた**からでした。

中国株の買値合計は2００万円程度でしたが、それを合計3００万円強で売却することができました。

それでも、トータルでは大きなマイナスではありますが、このリーマン・ショック直前の高値で売り抜けられたことは、大きな自信となったのです（そしてもちろん、金銭的ダメージも多少は和らぎました）。

これがなければ、投資からは引退していたことでしょう。

引退となれば、私の仕事（FPとしての業務）にも大きく影響し、それこそ、私のライフプランそのものも大きく狂っていたかもしれません。

そう考えると、今回のしくじりは、今思うとゾッとするわけです。

ところで、なぜ、そんな奇跡のタイミングで中国株を売り抜けることができたのか……実は、たまたまです。たまたま、車を買い替えなければいけない事情があったからです。

当時、当面の生活資金を残して、資産の大半を運用に回していたわけですから、購入資金がありません。

そこで、「まだまだ、値上がりするかもしれないのに……」と、躊躇しながらも、泣く泣く、売却したのでした。

もっとも、運用資産のうち、何かを売らなければ車は買えなかったわけですから、売るしかありませんでした。

そう考えると、意外とスッキリ、気持ちの整理はつきました。

そして結果として、高値で売り抜けることができたわけですが、もしも、売却後もグングン値上がりしたとしても、後悔はしていなかったと思います。

なぜなら、繰り返しになりますが、何かを売らなければ車は買えなかったわけですから。

ちなみに中国株を選んだのは、他の資産は売りたくなかったからで、単なる消去法でした。

この経験から、資産売却のタイミングは、**下手に相場（今後の値動き）を読むよりも、「資金需要が発生したとき」**と決めておけば、スッキリすると思っております。

資産売却タイミングの一つの考え方として、知っておいて損はないかと思います。

そしてこれは、今回のしくじりの中で得た貴重な教訓の一つとして、私は意識して、実践しております。

具体的には、現在保有する資産の中で、この商品（銘柄）は「エアコンが壊れたとき（新しく買い替えるとき）」、この商品（銘柄）は「冷蔵庫が壊れたとき（新しく買い替えるとき）」など、とくに値動きが読みにくい資産の売却タイミングについては、将来の資金需要のタイミングに合わせております。

ちなみに先日、エアコンを買い替えました（13年間働いてくれたエアコンが壊れました）。そのとき売ったのが、ファンケル。

この銘柄は、優待目的で保有していたのですが、優待品の発芽玄米のお味に少々不満を持っており、しかし売却となると、なかなか踏ん切りがつかない状態だったのです。

そこで、「エアコンが壊れたとき（新しく買い替えるとき）に売る」と決めたので、いざ、エアコンが壊れたときには、何の迷いもなく、スッパリと売ることができました。

現在、売却時より10万円ほど値上がりはしていますが、これについては、まったく後悔しておりません。

⚠まとめ

⇩大きな損失を被っても、相場から撤退してはならない
⇩株価が大暴落したときこそ、売られ過ぎの大バーゲン状態＝買い時と捉える
⇩資産売却のタイミングは、相場の値動きよりも、「資金需要が発生したとき」に

5章

IPO（新規公開株）でハズレ銘柄を掴んでしまう

ＩＰＯとは新規公開株のことで、新たに、株式市場に上場する株式です。

２０１３年あたりから盛り上がりを見せ、ここ数年では実に9割程度の銘柄が、その初値（上場時に初めてつく株価）が公募価格（上場前に売り出される株価）を上回っています。しかも、平均して2倍程度の値上がりとなっており、中には公募価格の３倍、４倍となる銘柄もチラホラと。

つまり、上場前に公募価格で入手できれば、ほぼほぼ儲かるという状態なのです。

そんな高確率で儲けられるＩＰＯですが、残念ながら私は、しっかりとしくじっております。具体的には、初値が公募価格を下回るような銘柄を掴んでしまい、損失を出しています。

他にも、上場直後に買って急落したり（損失）、初値が期待できない銘柄に当選してぬか喜びをしたり（気持ちの損失）……ここでは、そんな体験を紹介いたします。

しくじり体験

ＩＰＯ投資歴の長い私は、実はこれまで何度か、ＩＰＯ銘柄に当選して（上場前に公募価格で入手するためには、ほとんどの銘柄は抽選となる）公募価格で入手し、初値で売り抜けて、たまに「美味しい」思いをしておりました。

しかし、このＩＰＯの「美味しさ」が世間に知れ渡りはじめた２０１３年頃から、当選確率がガクンと下がってきたのです、というか、ほとんど当選しなくなってきたのです。そうです、目ざとい投資家は、このＩＰＯの抽選にこぞって参加しはじめてきたのでした。

それまでの「美味しい」思いもあって、当選しない状況にジリジリしてた中、２０１３年末にようやく、久々に当選したのがウィルグループという銘柄。

ただ、これがとくに目新しさのない人材派遣会社でして、**①これは初値は期待できないな……と思いながらも、せっかく当選したものを辞退するのは悔しく、購入申込をしました。**

そしてドキドキの上場当日、なんと、公募価格割れとなりました。

公募価格２８７０円に対して初値は２７５０円、１００株当選・購入していたので１・２万円の損失です。

損失額は小さいのですが、「当選さえすれば、ほぼほぼ儲かる」状況の中での損失は、精神的ショックが大きく、しかもこの銘柄は、２０１３年上場銘柄の中、唯一の公募割れ銘柄ということで悔しさ倍増でした。

そんなショックと悔しさから、「公募価格を下回るということは、今がお買い得だ」と、売却後にすぐに買い戻し、利益を狙いました。

が、さらに株価は下落……**②上場直後に勢いだけで売買をして、さらに損失を出す**という、情けない失態を演じてしまうのでした。

その後も、日本郵政にＪＲ九州、すかいらーくにＬＩＮＥなどなど、続々と有名企業の新規上場は続き、ＩＰＯ人気はますます盛り上がるも、ますます当選からは遠ざかっておりました。

世間で言われている「初値で売り抜け、ＩＰＯで大儲け！」、というのは現実的にはかなり難しい話なのです。

しくじりポイント

①これは初値は期待できないな……と思いながらも、せっかく当選したものを辞退するのは悔しく、購入申込をしました。

ＩＰＯ投資の最大の難関は、上場前に、公募価格で入手することです。

公募価格で入手すべく、（そのＩＰＯを取り扱う）証券会社に申込みをするのですが、たいていの場合、各証券会社に割り当てられた株数以上の申し込みがあるので、抽選となります。

その抽選に当たってこそ、上場前に、公募価格で入手することができるのです。

ただ、初値が跳ね上がりそうな人気銘柄には、多くの人が申し込むので、そうそう当たるものではありません。一説によると、その倍率は１００倍とも２００倍とも言われています。

これは、普通に考えれば、まず当たりませんよね。

そんな状況で当選したということは……これは運が良かった、と考えるのはあまりにも自分に都合が良すぎます。当選した銘柄は、**申し込みが少ない不人気銘柄であったと考えるべき**でしょう。

そして、そんな不人気銘柄の初値高騰はあまり期待できず、場合によっては公募価格を下回ることも十分にあり得るのです。

つまり、今のＩＰＯ人気の中、当選するということは、公募割れの可能性のあるヤバい銘柄である確率が高い、ということをしっかり認識しておくべきだったのです。

……いや、そういった認識はありました。

ウィルグループを調べれば調べるほど、これは初値は期待できないな、と思っていましたし、場合によっては公募割れの可能性もあるかも、とも、うすうすは感じておりました。

しかし当時、IPOに全然当たらなくなって焦っていた私には、**久々に当選した購入権利を自ら辞退することは、もったいなくて、どうしてもできなかった**のです。

そして、**これはヤバいと感じながらも、思い切って購入した**のでした。

せっかくの当選を辞退したくないあまり、「業績は伸びているぞ」「IPOブームの勢いでなんとか」など、ムリヤリ理由をつけて、(ヤバいと分かっていながらも)**当選権利にしがみついてしまったこと、それが、今回のしくじり**です。

その結果、公募割れで、金銭的にも精神的にも損失を被ったことは、体験談で書いたとおりです。

このしくじりから、今後、もしIPOで当選しても、それがヤバい(公募割れの可能性がある)銘柄であれば、スッパリ辞退しようと誓ったのでした。

数ヵ月後、その誓いが試される機会が訪れました。

2014年3月、ジャパンディスプレイという銘柄に当選したのです。

前述のウィルグループ以来、しばらくIPO当選から離れており、久々の当選ということでテンションも上がります。

しかし、あらためて調べてみると、これもどうやらヤバい銘柄のようでした。

やはり、このＩＰＯ人気の中、当選する銘柄というのは「当たりやすい銘柄」、つまり「不人気銘柄」、そして、そんな「不人気銘柄」は「公募割れの可能性の高いヤバい銘柄」でもあることは、ウィルグループの一件で分かっておりました。

分かってはおりましたが……せっかくの当選を辞退することはどうしてもできず、「いや、今度は大丈夫だよ」と何の根拠もなく、自分を奮い立たせて、思い切って購入してしまったのです。


……恥ずかしながら、同じしくじりをやってしまいました。

その結果、公募価格９００円に対して初値７６９円。

今回は２００株当選・購入していたので、約２・６万円の損失です。

やはり、今のＩＰＯ人気の中、当選する銘柄は、公募割れするような不人気銘柄だったわけです。

ウィルグループのときは、「いや、今回はたまたま運が悪かっただけでは……」と諦めきれない（納得できない）気持ちもありましたが、**今回で、完全に吹っ切れました。今度こそ、ヤバい（公募割れの可能性がある）銘柄については、「スッパリ辞退」を肝に銘じる**

のでした。

そのためにも、ヤバい銘柄を客観的に判断できるよう、いろいろ調べた結果、ヤバい銘柄には以下の共通点があることが浮かび上がってきました。

×市場からの資金吸収規模が大きい（大型案件）
×株主に投資ファンドがいる（将来の売り圧力）
×公募株（新たな資金調達分）より売出株（既存株主の売却分）が多い
×業種に目新しさがない
×再上場案件
×上場日に同時上場銘柄がある（資金が分散する）

今振り返れば、ウィルグループもジャパンディスプレイも、上記の公募割れ銘柄の共通点に、相当当てはまっておりました……。

また、ネット情勢も無視できません。

IPO初値予想に関するサイトは、大手の調査機関から個人のブログまでたくさんあります。そして私の実感では、ネットでの評判は、それなりに当たっているように思えまして、大いに参考にしております。

さて、実はその後、ちょくちょくＩＰＯ当選はしております。

２０１５年にはグリーンペプタイド（現ブライトパス・バイオ）、デクセリアルズ、サンバイオ、２０１６年にはバロックジャパンリミテッド、ＫＨネオケム、そして２０１７年にもスシローグローバルホールディングスが当選しました。

しかし、ＩＰＯ銘柄の公募割れを経験してきた私は、**「当選するのは、ヤバい（公募割れの可能性がある）銘柄である」**という前提で、今では必ず、その銘柄を徹底的にリサーチしております（ヤバい銘柄の共通点と照らし合わせる）。

その結果、やはり残念ながら、いずれもヤバい銘柄ということが分かり、すべてをスッパリ辞退することができました。

いや、正確にはスシローだけは、興味のある銘柄（近所のスシローは常連）ということもあって、「せっかく当選したのに、もったいないな」との気持ちが強く、辞退には躊躇するのでした。

しかしスシローの場合、市場からの吸収資金が７６０億円と非常に大きく（※）、これは相

※一般には、１００億円を超えると相当大きいとされる。

近所のスシロー。いつもよく行っていて、お気に入りのお店。
しかし、投資となると、話は別です。

当なマイナス要因でした。スシローと同じく、知名度の高い飲食店を運営する「力の源ホールディングス」（ラーメン屋「一風堂」で有名）も同時期に上場したのですが、こちらの吸収資金は約7億円ですから、スシローの規模の大きさが伺えますね。

しかもスシローは、筆頭株主が外資系投資ファンド、そして再上場案件、さらには売出株100％と、前述のヤバい銘柄の共通点が目白押しでした。もちろん、ネットでの評価も散々でして、これは明らかに公募割れの危険があったのです。

このように、**公募割れの危険度を客観的に判断できるようになっていたことから、ここはスシローファンとしての気持ちは封印して、辞退に踏み切ることができました。**

結果、公募価格3600円に対して初値3430円と、予想通り、公募割れとなりました。

ちなみに、スシローの吸収資金の約100分の1と、非常に小粒な「力の源ホールディングス」の人気が高く（当然、落選）、公募価格600円に対して初値2230円でした。

なお、前述の当選銘柄（すべて辞退）は、すべて公募割れとなりました。

辞退した銘柄の初値が高騰すると悔しいでしょうから、これには予想通りでホッとするも、喜んでよいやら複雑な気分です。

儲かったわけでも、損したわけでもないですから。

もっとも、そのまま購入していれば損したわけですから、「損失を避けられた」として、前向きに捉えております（ようやく、ここでのしくじりの教訓を活かせました）。

この原稿を執筆中にも、MS&コンサルティングという銘柄が当選しました。吸収資金55・6億円とそこそこの規模ですが、筆頭株主には投資ファンド、そしてほぼすべてが売出株、さらに上場日は3社同時上場と、公募割れの匂いがプンプンします。なので、これはスパッと辞退、**ここにきて、ようやく気持ち的にもスパッと切れるようになりました。**

そして結果は案の定、公募価格1280円に対して初値1250円と、微妙にですが公募割れ。

最近では、あまりにも続く公募割れ銘柄の当選、そして辞退に、**「公募割れ（損失）を避けられた」と、公募割れの金額分、儲かった気持ちにすらなっております。**

ここ最近の当選は、公募割れ銘柄ばかりです（後述のREIT除く）。でも、まったく当選しないと嫌気が差しますので、とりあえずは「当選」の二文字を見れるだけでも、良しとしております。

当選後のリサーチの結果、それがヤバい銘柄と分かるまでは、（ひょっとしたら人気銘柄が当選したのかも、と）夢を見ることができますしね。

そんな思いを原動力にして、いつかまた、人気銘柄に当選することを目指して、ＩＰＯへの申し込みはコツコツ続けております。

⚠まとめ

⇩当選した銘柄は、申し込みが少ない不人気銘柄であったと考えるべき
⇩公募割れしそうな銘柄には共通点がある
⇩人気銘柄が当選するまで、コツコツと申し込みを続ける

②上場直後に勢いだけで売買をして、さらに損失を出す

一般にＩＰＯ投資と言われるものには、次の2パターンあります。

1つは、**上場前に公募価格で手に入れて、初値で売り抜ける方法（プライマリーともいう）**。

非常に分かりやすくて単純で、何の投資技術もいりません。ひたすら証券会社の抽選に申

し込み、人気銘柄の当選を祈るのみです。

ちなみに申し込みは無料、人気銘柄が入手できればかなりの確率で儲けることができるので、「無料の宝くじ」とも言われる話題の投資法です。

私が実践しているのは、こちらの投資法です。

もう1つは、**上場直後に売買する方法（セカンダリーともいう）**。

上場直後の株価は、様々な思惑が交錯する中で、非常に激しい値動きをします。それに乗っかって大きな利益を狙う投資法です。

しかし、これは相当リスクを伴います。

上場直後の株価は、基本的に需給状況だけで値動きをするので、業績や財務状況による分析はほとんど通用しません。つまり、チャートの方向性や勢いから、瞬時に、直感で、判断するような能力が求められます。それはさも、シューティングゲーム的な能力と言ってもよいでしょう。

もちろん、それが得意な人もいるでしょうが、私は全然ダメでして、この上場直後の売買はやっておりません。

と言いながら、今回は公募割れのショックと悔しさから、普段なら絶対にやらない「上場直後の売買」に手を出してしまったのです。

そして案の定、失敗……**公募割れ銘柄を掴んでしまったというしくじりもさることながら、それで冷静さを失い、普段やらないことに手を出してしまったことも、これもまたしくじりでした。**

十分な準備と対策をしないまま、ただの勢いで、普段とは違う土俵で勝負しても、たいてい失敗するわけです。

以来、ＩＰＯ銘柄の上場直後には手を出さないことはもちろん、上場前に公募価格で入手できた場合は、必ず初値売却を心がけております。

なぜなら、前述のとおり、上場直後の株価の動きはまったく読めないから。

上がるにせよ、下がるにせよ、それは相当な勢いとなり、ストップ高、ストップ安もザラに発生します。

とくに人気銘柄で初値高騰のケースだと、初値がついた後、一気に下落することが多くなっています（初値天井という）。なので、初値形成後も、まだまだ上がるかな……と色気を出して持ち続けていると、急落に巻き込まれ、悲惨な目に会うのです（かつて私も経験しました）。

逆に、初値形成後、一気に上昇することもありますが、それはあくまでも結果論。
ＩＰＯ銘柄の上場直後は、よほどスリルを求めていない限り、傍観者として眺めておくのが正解と思っております。

まとめ

⇩**損をすると、普段は絶対にやらないものにも手を出してしまいがち**
⇩**普段とは違う土俵で勝負してもたいていは失敗する**
⇩**上場前に公募価格で入手できた場合は、初値売却を心がける**

コラム…………

ＲＥＩＴ（不動産投資信託）のＩＰＯには、過度な期待を抱かずに

ＲＥＩＴ（不動産投資信託）は、多くの投資家から集めた資金で、オフィスビルや商業施設、マンションなど複数の不動産を購入し、その賃貸収入や売買益を投資家に分配する商品です。株と同じく、証券取引所で購入することが可能であり、このＲＥＩＴにも、ＩＰＯがあるのです。

さて、株式IPOが軒並み外れる中、ちょくちょく当選するのがREITでした。

しかし、その結果は微妙なところで、

「トーセイ・リート投資法人：公募価格103000円→初値115000円」

「ケネディクス商業リート投資法人：公募価格230000円→初値260500円」

「いちごホテルリート投資法人：公募価格106000円→初値104100円」

など、初値が公募価格を若干上回る程度か、もしくは微妙に公募割れとなっています。

正直言って、REITのIPO初値高騰は、あまり期待できません。

これは過去の実績を見ても明らかで、**だいたい公募価格とトントン、公募割れも珍しくありません。**

これは、株式「IPO」と比べ、市場からの吸収資金が大きいことが要因の一つです（109ページ参照）。株式「IPO」の吸収資金は数億円～数十億円規模が多いのに対し、REIT「IPO」では数百億円規模がほとんどです。

当然ながら、募集口数も多くなるので（供給が多い）、よく当選するわけですね。

以前はそういったことを知らず、「やったぁ、（REITだけど）当選した！」と喜んでおりましたが、何度か当選するにつれて（そして期待外れの結果を受けて）、REIT「IPO」のそんな事情が徐々に分かってくるのでした。

分かってはくるのですが……それでもやはり、「ＩＰＯ当選」の響きにはテンションが上がって、どうしても心の奥底ではドキドキしてしまうのです。

でもいつも結果は、公募価格±10％程度で、ガックリの連続です。

そんな**ぬか喜びの連続で、無駄に心を疲弊させているという意味では、これもまた、一つのしくじりかもしれません。**

ただ、大きな公募割れはほとんどないＲＥＩＴ「ＩＰＯ」は、見方によっては「手堅い」とも言えます。

実際、ＲＥＩＴ「ＩＰＯ」戦績は、トータルでは若干ですがプラスになっています。

なので今では、**ＲＥＩＴ「ＩＰＯ」については、過度な期待を抱かず（これがなかなか難しいのですが）、割り切って淡々とやっております。**

株式「ＩＰＯ」がほとんど当選しない中において、たまに当選するＲＥＩＴ「ＩＰＯ」は、とりあえずは「当選」の二文字を見れるだけでも、良しとしています。

まったく当選しないと嫌気が差して、ＩＰＯそのものから離れてしまうかもしれませんので。

そして、いつかまた、株式「ＩＰＯ」の人気銘柄に当選することを目指して、ＩＰＯへの申し込みはコツコツ続けております。

6章

未公開株投資で60万円の損失

未公開株とは、公開株（証券会社で普通に売買できる株式）と違って、一般には売買されていない株式のことです。通常は、創業者やその親族、取引先、ベンチャーキャピタルなどが保有しており、市場に出てくることはあまりありません。

ただ、一部の未公開株は、グリーンシート市場という「未公開株のための取引所」において、自由に売買できるのです。グリーンシート市場に登録されている企業は、いずれも将来の株式公開（株式上場）を目指している企業ばかり。

私はこのグリーンシート市場を利用して、未公開株のいくつかの銘柄に80万円ほど投資しました。

株式公開を果たせば、株価が大幅に上昇するであろうと見越してのことです。

しかし、そんな思惑も空しく、投資した未公開株のほとんどがグリーンシート指定取消となり、結果、60万円ほどの損失となりました。

しくじり体験

小泉内閣が発足し、景気が上向いてきた2004年頃、私は未公開株に投資をしました。

株式公開となれば、大幅な株価上昇が期待できるため、私は**①一攫千金を夢見て、**未公開株投資を始めたのです。

まず、目を付けたのは、東北にあるソフトウェア開発会社で、1株34200円で3株購入。その後、好調な景気の波に乗って、2年程で、株価は約3倍にまで上昇。株式公開を果たすまで保有するつもりでしたが、1株だけ約9万円で売って、とりあえずは、ほぼ元を取ることに成功しました。

ただ、これが私の未公開株投資の絶頂でした。

この成功に気を良くして、栃木の人材派遣会社、沖縄の不動産関連会社など、次々と、グリーンシート市場の未公開株に投資をしました。その額、合計80万円以上。

そこにきて、2006年のライブドア・ショック（ライブドアへの強制捜査を発端とした株式大暴落）です。

株式市場、とくに新興市場（ベンチャー企業）は大崩れ。未公開株など、とくに規模の小さいベンチャー企業ばかりですから、当然の如く、グリーンシート市場も総崩れとなりました。私の保有する銘柄も、見るも無残に下落していきます。

これはマズイと、売り時を探るも、グリーンシート市場は**②流動性が極めて低く、買い手がいないのです。**

売るに売れずにうろたえているうちに、最初に投資したソフトウェア開発会社はなんと、**③システム開発から撤退、牡蠣のネット販売へ転業してしまったのです。**

そして、ついには**④グリーンシート銘柄の指定取消となり、実質的に売れなくなってしまったのです。**

しかも、この会社だけではなく、他の保有銘柄も次々にグリーンシートから外れていくのでした。

結果、私が投資した6社のうち5社が指定取消となり（うち2社は倒産）、結果、約60万円もの損失に。今や、グリーンシート市場そのものが活況を失い、平成30年3月末をもって廃止されることになりました。

グリーンシート無きあと、小規模企業の資金調達手段として期待されているのが、株式型クラウドファンディング（ネット経由で不特定多数の小口出資を募るシステム）です。

実は以前、グリーンシートでのリベンジを兼ねて、株式型ではありませんが、このクラウドファンディングにトライしてみました。

出資したのは、「伊勢桑名　はまぐり屋ヒルズ店ファンド」という商品。

その名のとおり、六本木ヒルズにあるはまぐり専門店に出資、その売上に応じて償還金が決まる商品です。一口2万円と小口で、2017年1月から6月までの短期間の運用となります。

気になる結果（償還金額）は、一口あたり20221円でした。

わずかとはいえ、一応プラス（約1％のプラス）となって成功……と言いたいところですが、実は、申込に際して**⑤手数料が2000円もかかっている**のです。

なので、手数料も加味すれば大幅なマイナス（約9％のマイナス）となり、リベンジならず、こちらも残念な結果となりました。

しくじりポイント

①一攫千金を夢見て

たしかに、グリーンシート市場から株式公開を果たし、株価が数倍に跳ね上がった銘柄はあります。

たとえば、かつてグリーンシート市場にて数万円程度で取引されていたラ・アトレは、株式公開時に初値65万円をつけました。

ただ、そのような事例は極めて稀で、**株式公開を果たした銘柄は、年間1〜2社程度（ゼロの年も）。**

一方で、グリーンシート指定取消となって、売買できない状況（＝ただの紙切れ）となってしまった銘柄の方が、圧倒的に多いのです。

今回のしくじりは、そんな確率を無視して、何の根拠もなく、『お宝銘柄』に当たると思ってしまったことです。

実際に株式公開をして、数倍に跳ね上がった『お宝銘柄』に目を奪われ、「自分にだって…」と、圧倒的に『ババ銘柄』を掴む確率の方が高いにもかかわらず、夢を見ていた、ということです。

もっとも、これは心理学的には自然なことらしく、**極端に低い確率については、実際の確率以上に高く感じるようになっている**とか。

宝くじなど、いい例ですね。

ご存じ、宝くじで1等ウン億円が当たる確率など、極めてゼロに近い確率（約1000万分の1）です。例えるなら、「雷に打たれる確率」「北海道にて、上空から落とした1円玉に当たる確率」と同じくらいだとか。

でも、宝くじを買う人は、それ以上の確率と捉えていることでしょう（だからこそ、買うわけですが）。

逆に言えば、その確率をきちんと冷静に捉えている人は、宝くじは絶対に買わないはずです。ギャンブルのプロなどは、決して宝くじなど買わないでしょう。

宝くじほどの確率ではないにせよ、未公開株が公開する確率は、極めて低いものです。**その確率を冷静に捉えるのであれば、未公開株投資は、宝くじを買うことに近いと言えるかもしれません。**

もっとも、きちんと確率を捉えた上で、「夢を買う」「ドキドキ感を味わう」と割り切って買うのであれば、それはそれで「アリ」だと思います。

その場合、投資額はパーになってもいい、というか、おそらくパーになるだろう……との覚悟が必要ですが。

実際、宝くじはそのように割り切って買っている人も多いかと思います。未公開株投資も、それくらいの割り切りで買うのであれば、「アリ」でしょう。

残念ながら私の場合、**そういった割り切りはなく、「公開するかも」と期待をして投資してしまったわけですが。**

いずれにせよ、「極端に低い確率については、実際の確率以上に高く感じる」という心理メカニズムを知っておけば、宝くじや未公開株投資の他にも、保険に加入するときなど、いろいろなシーンで役立ちそうですね。

⚠ **まとめ**

⇩ **株式公開を果たした銘柄は年間1～2社程度**
⇩ **グリーンシート指定取消の方が圧倒的に多い**
⇩ **未公開株を買うときは宝くじのような感覚で**

コラム…………**未公開株詐欺にご用心**

前記のような心理メカニズムを知ってか、**投資詐欺の中でも「未公開株詐欺」はなくなりません。**

未公開株の売買は、相手さえいれば、グリーンシート市場を介さずとも売買できます（相対取引）。

なので、「未公開株を買いませんか」とのセールスもあるわけです。もちろん、将来の株式公開（＝大儲け）を匂わせて。

実際、私もかつて複数の業者から電話セールスを受け、担当者と会ってみて、いろいろ話をしました。

そして、各業者に、「これまで取り扱った未公開株で、実際に株式公開を果たした銘柄はありますか?」との質問をぶつけてみましたが……少なくとも私が接した業者（5～6社）では、株式公開実績はゼロでした。他でも、このテの業者がセールスしてきた未公開株で、実際に株式公開を果たしたという話は、聞いたことがありません。

セールス業者からの未公開株は、株式公開の確率は極めて低い……どころではなく、完全にゼロ、です。これは断言してもかまいません。

未公開株は、公開（上場）しなければ、売却するのはほぼ不可能です。

となれば、公開（上場）しなければ、実質的な価値はゼロ、投資額はパーとなってしまいます。中には、業者が「うちが○○円で買い取りますよ」と言ってくるところもあるようですが、まったくもって信用できません。

セールス業者との相対取引での未公開株取引は、絶対に避けておきましょう。

②流動性が極めて低く、買い手がいないのです。

株式とは、売り手と買い手とがいて、初めて売買が成立します。

公開株式（上場株式）であれば、取引所があるので、売り手と買い手とが出会うことができます。

一方、未公開株式にはそのような取引所がなく、取引相手を見つけるのは極めて難しいのです（というか、現実的にはほぼ不可能）。

そこで、一部の未公開株については、未公開株でも取引相手を見つけられるよう、グリーンシートという「未公開株専用の取引所」があることについては、冒頭で触れたとおり。ただ、グリーンシートの規模は極めて小さく、公開株式の取引所ほど、活発に取引がなされているわけではありません。すなわち、売り手も買い手も、極めて少ない状況なのです。

もっとも、それはある程度、分かっておりました、頭では。

さて、前置きが長くなってしまいましたが、**今回のしくじりは、そんな未公開株専用の取引所（グリーンシート）の取引量の少なさ、すなわち流動性の低さを、甘く見ていたことです。**

まぁ、グッと我慢すれば（たとえば売り注文であれば、グッと価格を安くして注文を出せば）、それなりに相手は見つかるだろう……と高をくくっておりました。

ところが、です。

安い価格でも我慢しておくか……どころの話ではなく、まったく買い手が出てこないのです。とくに、当時のような売り一色の相場だと、そんな買い手不在の状況が、銘柄によっては数週間から数ヵ月続くこともザラだったのです。

まさに、売るに売れない状況となり、もはや取引所の役割を果たしていないのでした。

そんな状況を目の当たりにし、それからは、一般の株式投資においても、「流動性」についてはしっかりチェックするようになりました。

というのは、公開株式（上場株式）でも、ジャスダックやマザーズといった新興市場や、札幌や福岡といった地方の取引所では、極めて流動性の低い銘柄もあるからです。流動性が低いと、どうしても買いたいとき（売りたいとき）に、ほぼほぼ相手の「言い値」での取引となってしまい、かなり不利になります。わざわざ、そんなハンディを背負う必要はないですよね。

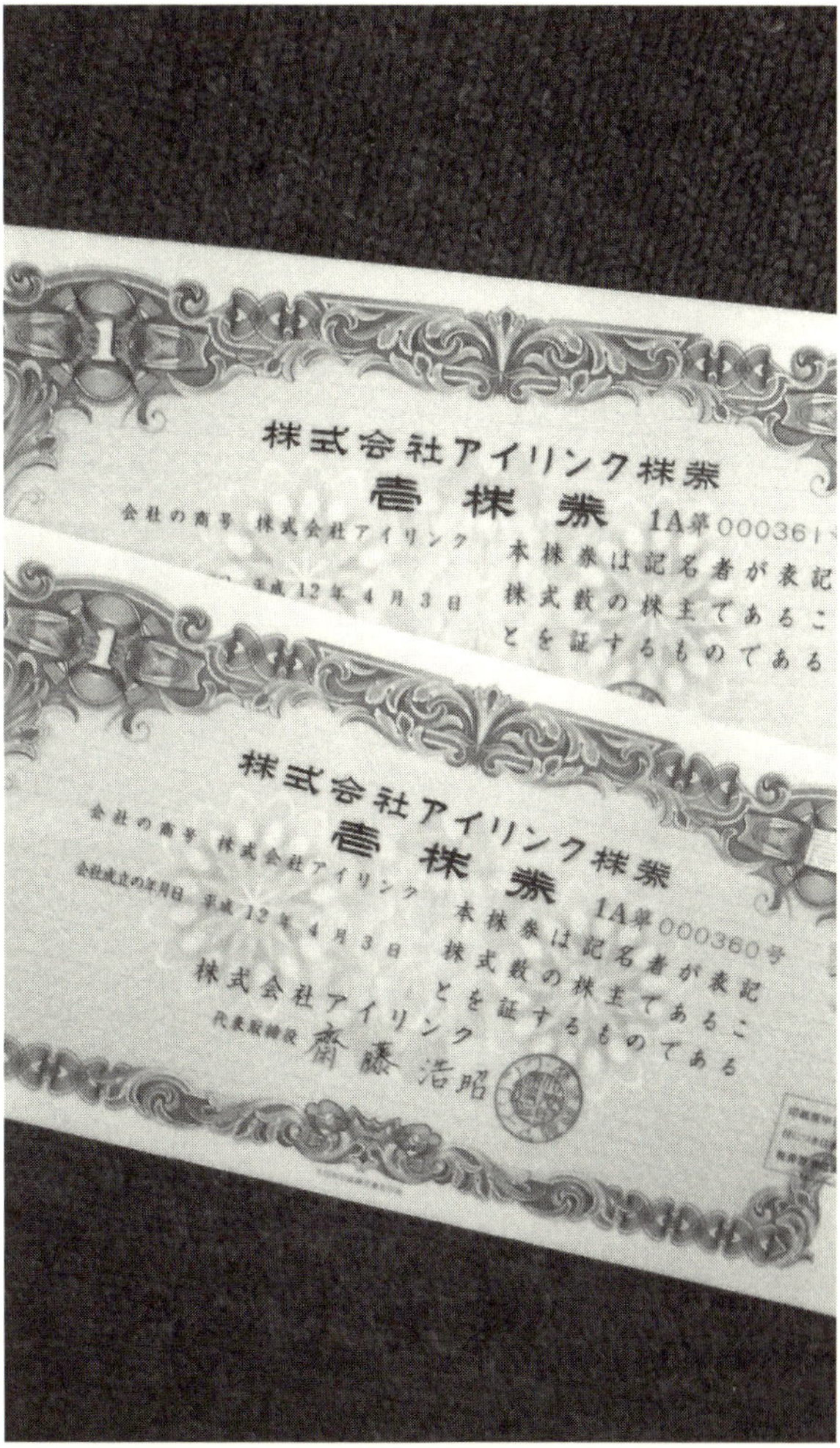

投資した会社が、グリーンシート銘柄の指定取消となり、株券が送られてきた…。売りたいのなら、自分で相手を見つけて、売れということか。

⚠ まとめ

⇩グリーンシートは規模が小さく、売り手も買い手も極めて少ない

⇩買い手不在の状況が数週間～数ヶ月続くこともザラ

⇩公開株式でも、流動性の低い銘柄がある

③システム開発から撤退、牡蠣のネット販売へ転業してしまったのです。

未公開株（非上場会社）は、一般に、公開株（上場会社）に比べて非常に小規模です。規模が小さいということは、突然、何が起こってもおかしくないということです。

今回のしくじりは、そんな未公開株（非上場会社）の規模の小ささを、甘く見ていたことです。

まさか、成長力のあるＩＴベンチャー企業に投資したつもりが、突然、牡蠣販売会社に投資することになろうとは夢にも思いませんでした。転業を知ったときは、さすがに動揺しました。

規模が小さければ、今回のように、いきなり、まったくの異業種への転業もあり得るとい

うことです。

経営サイドとしては、何年もかけて熟慮した結果かもしれませんが（真相は分かりませんが）、株主サイドとしては、まさに寝耳に水でした。

小規模企業の突然の変化については、予想不可能です。

事前に備えるとすれば、それは、腹をくくること。小規模企業では何が起こってもおかしくない、と気持ちの準備ができていれば、必要以上に動揺することはなかったかと思います。

ただ、小規模企業への投資ならではの醍醐味もあります。

それは、会社への「親近感」。

送られてくる資料は、手作り感満載（A4コピー用紙をホッチキスで綴じたもの）で、親しみを持てます。

財務諸表もアッサリした感じで、売上やら経費やらの金額も、数十万円程度のものもあって、事業の様子がイメージできるくらいです。上場会社の○○億円単位の数字に慣れていると、とても身近に感じられます。役員報酬などを見ていると、「ええっ？」と思うくらい少なくて、何だか申し訳ない気分になるくらいです。

株主が数十人規模だったりもすれば、「代表者から株主様へのメッセージ」など、直接、私自身に言葉を投げかけられているようにも感じます。

小規模企業ならではの、突然の変化は避けられないのであれば、せめて、小規模企業への投資の醍醐味（会社への親近感）を味わいたいものだと思っております。これは、公開株（上場会社）への投資であっても、規模の小さいベンチャー企業に投資する際には、同じスタンスです。

⚠まとめ

⇩規模が小さい会社であれば転業もあり得る
⇩グリーンシートでは何が起きてもおかしくないと、最初から腹をくくる
⇩小規模企業への投資の醍醐味の一つは、会社への親近感

④グリーンシート銘柄の指定取消となり、実質的に売れなくなってしまったのです。

グリーンシートから外れると、今後の売買は絶望的です。

ちなみに、指定取消の理由としては、倒産や監査報告書未提出などの他に、自ら指定取消を申請するケースも少なくありません。

極めて小規模な企業にとっては、グリーンシート市場への登録を維持するだけでも相当な負担だとか。

株式公開の見込みが遠のくと、自ら「降りて」しまうことも珍しくなく、今回も、そのケースでした。規模が小さな会社は、やはり、そのあたりの意思決定も早いのでした、いや、予想以上に早すぎました。

今回のしくじりは、投資した会社の規模の小ささ、ひいては、その意思決定の早さを、見誤っていたこと。

これは、そろそろヤバいかな（指定取消になるのでは）……と思う暇もなく、指定取消されてしまったわけです。今回に限らず、この章全体を通じて言えるのが、**未公開株（グリーンシート市場含めて）の規模の小ささを、甘く見ていたことに尽きます。**

少し言い訳がましいですが、これは、通常の株式取引（一般の上場株式の売買）に慣れ切っていたことが原因でもあります。

上場株式であれば、グリーンシート指定取消に当たる「上場廃止」は、それほど頻繁ではありません。

上場株式であれば、流動性の低い銘柄であっても（売値と買値の差が開いて、思い通りの価格での売買は難しいかもしれませんが)、売買そのものがまったく成立しない、というケースは稀です。

上場株式であれば、それなりの規模があって、利害関係者も多いわけですから、突然の業種変更なども考えにくいです(時間をかけての変更はあり得ますが)。

しかし、未公開株(非上場株式)においては、その規模があまりにも小さいがゆえに、通常の株式取引の常識が通用しなかったのです。

そのあたり、頭では分かっていても、どうしても通常の株式取引の感覚を引きずっておりました。

今だからこそ、状況を冷静に分析しておりますが、当時は想定外のことが次々と起こり、「まさか、まさか」と、うろたえてばかりでした。

未公開企業の資金調達・取引推進の場として、平成9年から導入されたグリーンシートですが、ライブドア・ショックをきっかけに、その取引量は減少の一途をたどります。そして体験談でも書いたとおり、ついに平成30年3月末をもって、廃止されることが決まっております。

なので、今後は、未公開株の取引は難しくなるでしょう。

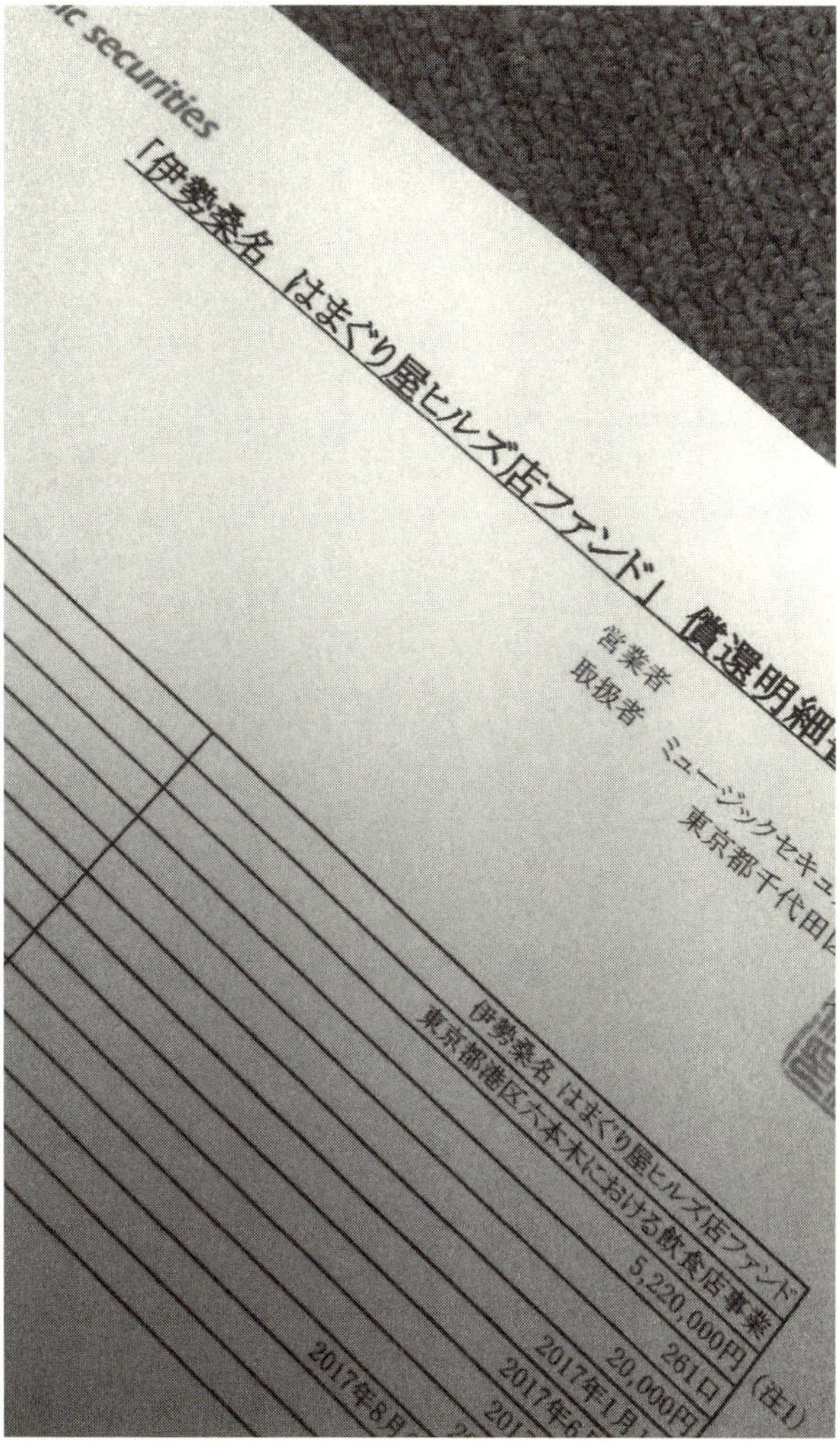

いわゆる「はまぐりファンド」の償還明細書。
しっかりとした書面で送られてきて、なんだか一安心。

しかし、今回のしくじり体験における教訓は、通常の株式取引でも大いに役立つはずです、というか、絶対に役立てようと思っております。

具体的には、新興市場の小規模ベンチャー企業や、地方取引所のマイナー企業などについては、グリーンシート市場銘柄（未公開株）のイメージで取引を心がけるつもりです。すなわち、流動性の低さや、小規模企業ゆえの突然の変化などには、十分に「腹をくくって」挑む。そして、小規模企業への投資ならではの醍醐味を味わいたいと思っております。

⚠まとめ

⇩初めて未公開株を買うときは、その会社の規模の小ささを甘く見てしまいがち

⇩未公開株においては、通常の株式取引の感覚を引きずってはならない

⇩通常の株式取引の場合は、逆にグリーンシートのイメージで取引を心がける

⑤手数料が2000円もかかっている

目新しい商品や、マニアック・マイナー商品は、その手数料も高いものです。

今回出資したクラウドファンディングそのものは一口2万円なので、手数料率は10%にもなり、これは相当高い水準です。

ただ、この商品には、出資者特典として1万円ものお食事券がついておりました。なので、手数料高いなぁ、と思いつつも、十分に納得しておりました（1万円分のはまぐり、堪能しました）。

そうです、実は、今回反省すべきは、このクラウドファンディングの申込手数料ではなく、グリーンシートでの取引手数料なのです。体験談では触れませんでしたが、実は、**グリーンシートの取引手数料は3000円（＋消費税）と、けっこうな高額だったのです。**

グリーンシート銘柄は単価が安い（数万円）ことを思えば、これは相当高い水準ですね。通常の株式取引であれば、数万円の取引なら、手数料はせいぜい数百円程度ですから。

しかし私は、「株式公開となれば、大儲け」とばかりに、手数料（コスト）については、ほとんど気にしておりませんでした。

そうです、**今回のしくじりは、大きなリターンを期待するあまり、コストに鈍感になっていたこと**です。

大きなリターンの可能性があるからといって、それが、コストが高い理由にはなりません。大きなリターンの可能性があるということは、それだけ、大きなリスクを背負っているわけですから。

しかし、大きなリターンが見込めるものには、コストに鈍感になってしまうものです。そして、そんな心理をついた商品は少なくありません。

こちらもやはり、宝くじなどがいい例ですね。

手数料という目に見える形ではありませんが（それゆえに性質が悪い）、くじ代の半分近くが経費（コスト）となっていることは、ご存じの方も多いはず。

コストをしっかり認識した上で、それでもどうしてもやってみたい……のであればともかく、大きなリターン（の可能性）に目がくらみ、コストに鈍感になってしまうのは避けるべきです。コストには、常に敏感でいるべきです。

なぜなら、運用において、**我々がコントロールできるのは、コストだけなのですから。**

私のように、目新しい商品やマイナー・マニアックな商品に興味ある人は、とくに気を付けたいものです。

⚠まとめ
⇩グリーンシートの手数料3000円（＋消費税）はけっこうな高額
⇩大きなリターンの可能性があるからといって、手数料《コスト》が高い理由にはならない

⇩コストには常に敏感でいるべし

7章

株主優待の改悪・廃止は避けられない!?

株主優待の改悪・廃止は避けられない!?

株主優待は、企業が株主に対して、感謝の意味も込めて定期的に送る品物のこと。投資がメインの人にとっては粗品のようなものですが、わりと良いものが多く、中にはこれ目当てで株を保有する人も少なくありません。

さて、吉野家、すかいらーく、ビックカメラ……多くの優待銘柄を保有している私は、株主優待ライフを楽しむ一方で、数多くの「しくじり」も経験しております。

ヴィレッジヴァンガードコーポレーションやヴィア・ホールディングスなどでは突然の優待改悪、THEグローバル社やイーグランドなどでは突然の優待廃止になるなど、他にも、挙げればキリがありません。

いずれも株価は下落、一つ一つの損失は数千円~数万円程度と小さいものの、その「しくじり」数が多いだけに、合計すれば数十万円の損失となりました。

他にも、優待内容に目がくらんで、業績や株価などのチェックが甘くなっての失敗もございました。

ここでは、そんな優待銘柄での「しくじり」をいくつか紹介できればと思っています。

しくじり体験

私の初投資は、社会人1年目の1999年、初ボーナスにて。

軽い気持ちで、「投資でも始めてみるか」と雑誌を買って、そこで知ったのが「株主優待」でした。

これは面白そう、と俄然、株式投資に興味が湧きました。

そして目を付けたのが、近所のコンビニ、ミニストップ。

昔から、ここのソフトクリームが美味しいと思っており、**①この無料券が半年毎に5枚ももらえることに、大いに興奮するのでした。**

株価は約30万円でしたが、偶然にも初ボーナスと同額だったこともあって、思い切って購入しました。

しかし、購入直後にITバブル崩壊、そのあおりもあって、株価は一気に15万円程度まで下落。残念ながら、私の初投資は、大失敗となりました。

一方、株主優待そのものへの興味・情熱は衰えることはありませんでした。

このミニストップという優待銘柄の購入をきっかけに、その後は、優待銘柄を中心に買い進め、今では50銘柄以上保有しております。

これだけ優待銘柄を保有していれば、それなりのしくじりもありました。

たとえば、ヴィレッジヴァンガードコーポレーション（書籍・CD・雑貨等の複合小売店を展開）の優待は、なんと年間1万円分ものお買物券。

私が目を付けたとき、株価は20万円近くでしたが（ちょっと高いかな、と）、これが14万円程度まで下がったタイミングで、「いまだ！」と購入しました。

ただ、「上手く買えた」と喜んでいたのも束の間、**②購入して数ヵ月後、突然、優待改悪が発表されたのです。**

それまでは「使用枚数制限なし」だったのが、「2000円買い上げ毎に1枚（1000円）使用可」となってしまったため、1万円分の金券を使うのに2万円以上の現金が必要という馬鹿らしさ。この影響によって株価が大暴落（そのとき、買値からは少し値上がりして16万円ほどになっていたのですが、一気に12万円ほどに下落……）した結果、2万円ほどの損失となりました。

また、ヴィア・ホールディングス（焼き鳥居酒屋等を展開）の優待改悪にも巻き込まれま

吉野家・すかいらーく・ビックカメラの株主優待券。
優待マニアの間ではおなじみの、定番優待。

した。

前述のヴィレッジヴァンガード同様に、それまでは「使用枚数制限なし」だったのが、「1000円食事毎に1枚（500円）使用可」と制限付きになってしまったのでした。

こちらもやはり株価に影響し、それまで12万円ほどだった株価は10万円まで一気に下落、そのあともズルズルと下がり続け、2018年1月時点では8万円を割り込んでおります。

私は10万円ほどで、**③3単位（300株）買っていたので、**6万円以上もの含み損となっています。

優待改悪どころか、優待廃止もありました。

THEグローバル社やイーグランドなど（いずれもマンション分譲会社）、当時、5～6万円程度の株価で、**④クオカードが年間2～3千円分もらえました。**これには当然、大いに魅力を感じて購入しましたが、購入後1～2年ほどで、突然の優待廃止。

当然ながら株価は下落……完全に優待目当てだったので、即、売却です。もっとも、比較的安いところで購入していたので、収支はトントンではありましたが、しかし銘柄選びにかけた手間を考えると、時間と労力については大きなマイナスでした。

また、優待銘柄は基本、長期保有ですから、（それを1～2年で売却したことで）ポートフォリオの目算も狂ってしまうわけで、資産運用全体にも大きな影響が出てしまったのでした。

しくじりポイント

①この無料券が半年毎に5枚ももらえることに、大いに興奮するのでした。

ソフトクリーム無料券が半年毎に5枚、年間で10枚もらえるわけですから、これはたしかに嬉しいものでした。

ただ、当時のソフトクリーム価格は180円でしたから、金額にすると2000円足らずの優待です。

一方で、購入時のミニストップ株価は2920円、最低100株単位での取引なので、要した金額は約30万円にもなりました。

これは、**優待利回りにすると、1%にも満たない数字**です。

ここでのしくじりとは、この優待利回りの視点が、完全に抜け落ちていたことです。

優待利回りとは、株主優待の金銭的価値を株価で割ったもので、優待銘柄を吟味するときの、大きな目安となるものです。

株主優待を重視して選ぶのなら、最低でも2～3％は欲しいところ。

一般に、優待利回りが高い（優待コスパが高い）とされるのは4～5％以上といったところです。探せば、5％を大幅に超えるものも珍しくありません。

たとえば、優待が「商品割引券」の場合など、使い方によっては、とんでもない優待利回りになることも。

実は先日、『メガネの愛眼』で4万円のメガネを買ったとき、優待券「メガネ30％割引券」を使ったので、なんと1・2万円も安くなりました。この愛眼の株を、私は2万円程度で買っていたので、**優待利回りは60％**（1・2万円÷2万円）と、驚異的な数字となりました。

まぁ、これは特別なケースにしても、優待利回り2～3％はゴロゴロある中で、それが1％にも満たないミニストップはあまりにも、（優待銘柄としての）魅力は薄かったと言わざるをえないのです。

もちろん、この優待利回りだけで判断することはできませんが、優待重視で銘柄を選ぶのであれば、必ずチェックすべき数字なのです。一般に、優待銘柄は長期保有するものなので、この数字は、長期運用のパフォーマンスに大きく影響するのですから。

もっとも今回は、ＩＴバブル崩壊のあおりで急落し、これが初めての投資だった私は、うろたえてすぐに売ってしまいましたが……もし長期保有していたとしても、**ミニストップの株主優待で元を取るには100年以上かかってしまいます。**これはあまり効率的な投資とはいえませんよね（それに気付いていたなら、買っていなかった可能性大です）。

そんなしくじりを活かし、今では、この優待利回り（さらには配当利回りを合わせた「優待・配当利回り」）もしっかりチェック、というか、最優先確認事項としております。

ただ、**あまりにも優待利回りを重視し過ぎると、今度は逆に、この優待利回りの数字に捉われてしまうもの。**

それはそれで要注意でして、優待利回りが高いからといって、欲しくもない優待（絶対に使わないような優待）をもらっても、意味ないですからね。

……でも実は、そんなしくじりは、今も、ちょくちょくしております。

すなわち、優待利回り（の高さ）に目がくらみ、その優待銘柄を購入してしまい、そして、その（自分にとって必要のない）優待を手にしてから、「ああ、やってしまった」と後悔するのです。

ちなみに、いらない優待を手にしたときは、「無理やり使う」か「金券ショップに売る」のどちらかですが、いずれにせよ、ストレスになるものです。

お食事券や買物券ならまだしも、フィットネス無料券や映画無料券などを「無理やり使う」場合、時間と労力を費やして、なんとか消化した感でいっぱいでした（すごくストレスです）。

受講割引券など、無理やりでも使わないような優待は「金券ショップに売る」のですが、想定をはるかに下回る買取価格に「そんなに安いのかよ！」と憤るのでした（すごくストレスです）。もっとも、使い勝手の良い優待は高値で売れるのですが、そういった優待は自分で使いますからね。

優待利回りの高さに心奪われて、必要ない優待を手にしてしまう……これは私のクセのようなものでして、その都度、反省はしているのですが、なかなか治らずに困っております（現在、治療中（?）です）。

そんな私が言うのも説得力に欠けますが、**優待銘柄選びの大前提として、「その優待が、自分に必要なのか」を、まずはしっかり考えましょう。**

その上で、優待利回りを大きな判断材料にしたいものですね。

⚠まとめ

⇩優待利回りは最低でも2～3%以上のものを選ぶ

⇩優待利回りが高いからといって、欲しくもないものをもらっても意味がない

⇩優待銘柄選びの大前提として、「その優待が自分に必要なのか」を考える

②購入して数ヵ月後、突然、優待改悪が発表されたのです。

優待内容の改悪……これは、優待銘柄独自のリスクといえます。

とくに、優待内容が魅力的な銘柄（多くの人が、その優待目当てに保有している銘柄）の改悪の場合には、株価は大きく下がる可能性があります、というか、**ほぼ間違いなく急落します。**

しかも、**この優待改悪は突然に発表される**もので、不意に巻き込まれると、精神的ショックも大きいのです。

とはいえ、ある程度は、優待改悪を予想できないこともありません。

そろそろヤバいかも（優待改悪があるかも）……との可能性が高いケースとして、主に、

以下の3ケースが考えられます。

1 あまりにも優待利回りが高すぎる

これは、株主にしてみれば大きな魅力ではありますが、企業にとっては大きな負担であり、その負担に耐え切れずに、優待改悪となる可能性が高いのです。

そういった意味でも、優待利回りは、要チェックなのです。

2 新設されたばかり

この場合、会社としては、「とりあえず、実験的に優待をやってみた」という場合も少なくありません。なので、その効果が薄かったり、負担が大きかったりすると、アッサリ改悪してしまう可能性が高いのです。

逆に言えば、昔からずっと続いている実績ある優待は、改悪となる可能性は低いです。

とくに、「この銘柄といえば、この優待」と、優待そのものがブランドになっているような場合は、改悪の可能性は極めて低いでしょう。

3 業績が振るわない

株主優待は、あくまでも企業の任意（いわば、心意気）ですから、本業が厳しければ、メスが入りやすい領域でもあります。

今思えば、今回しくじったヴィレッジヴァンガードコーポレーション（以下、ヴィレヴァン）については、**その3ケースすべてに、見事に当てはまっていた**のでした。

当時、ヴィレヴァンの優待利回りは7％超（株価14万円に対して、優待内容はお買物券1万円分）と、かなりの高利回りでした。

これは、2012年に新設されたばかりの、まだ新しい優待でした。

また、ヴィレヴァンが優待改悪を発表したのは2016年7月でしたが、2016年5月期は、大幅な赤字となっていたのです。

今回のしくじりは、これだけ優待改悪の『予兆』があったにもかかわらず、それに無頓着だったことです。

とくに、業績悪化はかなり深刻な状況だったらしく、株式投資の基本である「業績チェック」が疎かになっていたことは、反省しきりです。

行ったことがある人は分かると思いますが、ヴィレヴァン店舗はとても賑やかで、楽しい雰囲気です。オモチャ箱をひっくり返したような、面白さがあります。そんなお店で、自由に1万円分も使えたら、楽しいだろうなぁ……と、優待内容に目を奪われておりました（言い訳以外の何物でもありませんが）。

そして、株価が下がってきて、お買い得となったときに、飛びついてしまったわけです。この株価下落も、今思えば、**優待改悪の予兆**を感じ取った人が、早々と売っていたのかもしれませんね。そういったところも、きな臭さを感じ取るべきだったと、反省しております。

さて、今回の優待改悪を受けて、あらためていろいろ調べてみました（改悪前に調べておけ、という話ですが）。

すると、この優待新設のときから、あまりの大盤振る舞い（当時の株価は8万円前後なので、優待利回りは12〜13％！）に、「これ、大丈夫か？」「設定間違えてないか？」など、疑問の声も少なくありませんでした。

「これは、続かないだろう」との声も、この優待には、常について回っていたのです（改悪後に、知りました）。

そこにきて、業績悪化のニュースを受けて、「**改悪カウントダウン**」との声も上がっておりました。

なので、優待改悪が発表されたときには、ネット上では、「それ、見たことか」と、まるで鬼の首を取ったかのように勝ち誇る人が、多数出現しておりました。

株主優待は魅力的ですが、それは、**優待改悪リスクと隣り合わせ**です。

優待内容だけでなく、前述の優待利回り、優待実績、本業業績もしっかり確認して、できる限りその予兆はチェックしたいもの。噂レベルの情報も、優待改悪の予兆を探るネタとして案外無視できないことも、今回で実感したのでした。

ちなみに、私がヴィレヴァンを購入したのは2016年2月頃。

その後、権利確定日である11月末を楽しみにしていたところ、7月に、突然の優待改悪発表。本・CD・雑貨等はタダで買えればこそ嬉しいのであって、お金を出してまで欲しくはありません。

今回の改悪によって、優待の金額1万円は変わらずとも、割引券（お買い上げ2000円毎に1000円利用可）となってしまった優待券にはどうしても魅力は感じず、即、売りました。

残念ながら、ヴィレヴァンの優待は、私にとっては幻となってしまいました。

最後に、ご参考までに……株主優待は、権利確定日時点の株主が受け取れます。

権利確定日とは、原則として決算日、もしくは決算日と中間決算日（3月末決算企業なら、3月31日と9月30日）です。

ただ、権利確定日時点に株主であるためには、その3営業日前までに購入しておかないといけません（株券の受け渡しには3日かかる）。

なので、慌てて権利確定日に購入しても、もう遅いのです。

これこそ、初心者がやりがちな、株主優待しくじりの典型例なのです。

さすがに私は、そのような典型的なしくじりはやっておりませんが、もし、これをやってしまうとかなりショックなので、一応、最後に付け加えておきました。

⚠ **まとめ**

⇩株主優待は魅力的だが、改悪リスクと隣り合わせ
⇩優待改悪の〝予兆〟には敏感になろう
⇩ネット情報も意外とバカにならない

③3単位（300株）買っていたので

ここでのしくじりとは、一つの優待銘柄に、集中して投資してしまったことです。

その結果、優待改悪による株価下落の損失を、集中して被ってしまったからです。

私は普段から、リスク分散のため、個別銘柄については、(優待銘柄に限らず)できれば10万円以下、高くても10万円台後半のお手頃な銘柄を選ぶようにしていました。

今回のヴィア・ホールディングス(以下、ヴィア)も、最低購入額は10万円前後でした。しかし、私はそれを3単位(300株)も買ってしまい、結果、合計約30万円(約10万円×3単位)と、一銘柄への投資額としては、それなりの金額となってしまったのでした。なので、優待改悪による株価下落の影響は大きく、一銘柄で6万円以上の損失を被ってしまったのです。

なぜ、同じ銘柄を複数単位買ってしまったのか……**その原因は、ヴィアの優待の特徴にありました。**

ヴィアの優待は、保有株数が2倍、3倍……になれば優待内容も2倍、3倍に……と、**保有株数に比例して、その優待内容もアップするという、珍しい特徴**があったのです。

具体的には、100株保有で年間5000円分、200株保有で年間1万円分、そして300株保有で年間1・5万円分と、保有株数が増えるほど、もらえるお食事券もドンドン増えていくのです(1000株保有〔年間5万円分〕が上限)。

一般的な優待の場合も、保有株数が増えれば優待内容もアップするものですが、通常は5

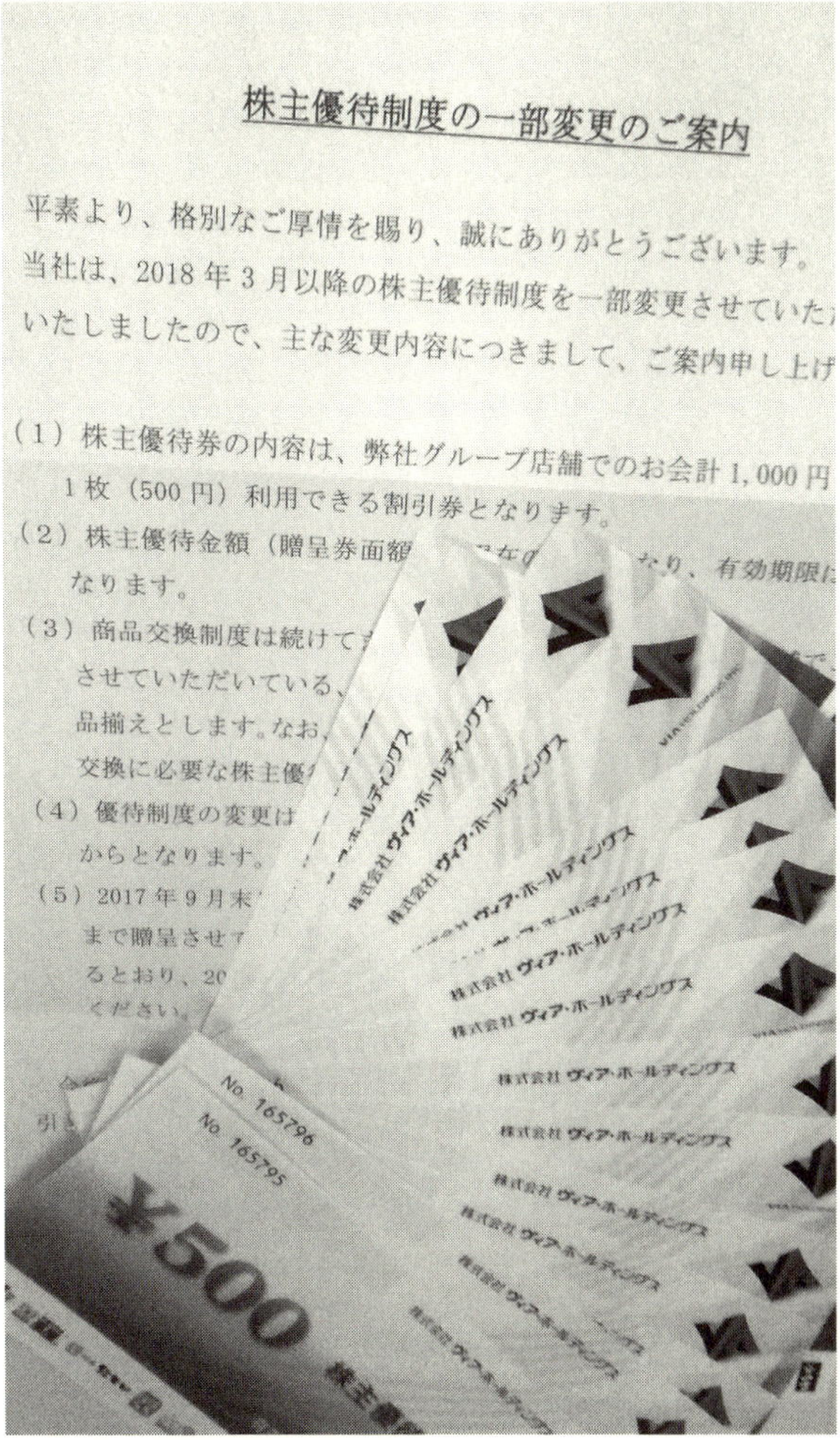

ヴィア・ホールディングス、2018年3月以降の株主優待を変更するとの悲しいお知らせが…。

00株、1000株など、節目でアップするケースがほとんどです。

たとえば吉野家なら、100株以上保有で年間6000円分、1000株以上保有で年間1・2万円分、2000株以上保有で年間2・4万円分となります。

なので、100株保有でも、200株保有でも、900株保有でも、もらえる優待券の金額（年間6000円分）は変わりません。しかも、1000株保有したとしても、保有株数に比例するような内容アップはしないのです（もしも比例するなら、1000株保有で、優待は年間6万円分にもなりますね）。

つまり、**一般的な株主優待においては、保有株数は100株（※）のみに留めておくのが、最も効率的**ということなのです。


ところが前述のとおり、ヴィアの株主優待は、保有株数に比例してその優待内容がアップするという、非常に珍しいタイプでした。

なので、保有株数を100株のみに留めておく理由は、とくにありませんでした。

しかも、優待利回りも程よく高く（5％程度）、近所にお店もあったので（そして美味しい）、私は100株、200株、300株と、ドンドン買い増していったのでした。目指せ1000株・優待年間5万円分と、これからもドンドン買い増していこうかとすら思っておりました。

……そこにきて、突然の優待改悪でした。

ちなみに、この改悪（「使用枚数制限なし」が「1000円食事毎に1枚（500円）使用可」と制限付きとなった）と同時に、優待額については2倍にアップしたのです。なので、発表当初は、「総合的に見れば、これは改善ではないのか？」という意見もあったようですが、この発表翌日に株価は2割ほど急落したことから、多くの人は、やはりこれは「改悪」と取ったようでした。

ただ、前述のヴィレヴァンと違って、ヴィアの業績は安定していたことから、今回の改悪を、事前に予想するのは、かなり難しいことでした。

なので、この優待改悪を予想できなかったことは、しくじりとは思っておりません。

そうです、繰り返しますが、**今回のしくじりは、一つの優待銘柄に集中して投資してしまったこと**なのです。

株主優待は大いに魅力的ですが、実際にその優待が届くまでは、そして、実際に使ってみ

※多くの銘柄では、最低取引単位（≒株主優待の権利を受け取れる最低株数）は100株である。

るまでは、けっこう不安なものです。実際に手にして、使ってみて、「アレッ?」となることも多々ありますので。

でも逆に、実際に手にして、そして使ってみて、**それが素晴らしいモノだと実感すれば（実際、私はヴィアの優待券を使って大満足でした）、その安心感から「買い増し」を検討してみたくなるのが人情というもの。**ましてや、ヴィアの優待のように、保有株数に比例して内容がアップするともなれば、これは「買い増し」をしない理由はありませんでした。

しかし、一点集中投資は、とくに個別銘柄への一点集中は、たいへんなリスクを伴います。

今回は、その優待内容もさることながら、「保有株数に比例して、優待内容もアップする」という特徴にも心奪われてしまったことが、しくじり（一つの優待銘柄への集中投資）の要因でした。

ちなみに、「保有株数に比例して、優待内容もアップする」銘柄でなくても、ある『裏ワザ』に気付いてしまうと、魅力的な優待銘柄を、ついつい買い増ししてしまう（一つの優待銘柄に集中投資してしまう）恐れがあります。

その『**裏ワザ**』**とは、家族名義で保有すること。**

妻、子供など、家族名義で証券会社に口座を作って、家族一人一人が（最も効率の良い）

100株ずつ保有することです。裏ワザというか、優待ファンの間では有名な方法です。たとえば、吉野家を1人で500株保有しても、優待内容は、100株保有時と変わりません（年間6000円分）。しかし、5人家族で、5人がそれぞれ100株ずつ保有すれば、家族全員で年間3万円分もの優待を受け取ることができるのです。

ただこの場合、吉野家だけで100万円ほどの投資（株価約2000円×500株）となってしまうので、そこは注意しなければいけません。

もちろん、私もこの裏ワザ（家族名義保有）を使っていますが、家族全員の合計額には気をつけて、一つの銘柄に集中しないよう心がけております。

⚠まとめ

⇩株主優待目当てなら、保有株数は100株に留めておくのが効率的

⇩保有株数に比例して優待内容がアップするケースでは、買い増しのリスクも十分考えること

⇩家族全員がそれぞれ100株ずつ持てば、そのぶん優待を多く受けることが可能

④クオカードが年間2~3千円分もらえました。当然、大いに魅力を感じて購入しましたが

クオカードは使い勝手が良く、株主優待の中でも、常に人気上位です。金券ショップでも、額面に近い価格で買い取ってくれるので、ほぼ現金扱いと言ってもよいでしょう。これが買物券や食事券だと、いいところ額面の8掛け、中には3掛け程度なので、とても重宝するわけです。

と、我々株主にとってはありがたいのですが、これは、企業にとっては大きな負担です。なぜなら、自社商品や買物券（食事券）などが優待の場合、その実質的な負担は「原価」ですが、クオカードや商品券の場合は、額面金額がそのまま負担額（出費）となるからです。また、自社商品や買物券（食事券）などは、宣伝・集客効果も見込めますが、クオカードや商品券ではそういった効果は見込めません。もっとも、券面には企業ロゴが入っていたりもしますが、どれだけの効果があることやら……。

そうです、繰り返しますが、**クオカード等の優待は、企業にとっては大きな負担**なのです。

ということは……そう、**優待改悪、そして優待廃止になる可能性が、他の優待に比べて高い**ということなのです。

なので、クオカード等を優待にしている企業については、より吟味が必要となるのです。

それなのに、クオカードという使い勝手のいい優待に惹かれ、そして、優待利回りの高さ（4〜5％）にも惹かれて、株価もお手頃だったこともあって、勢いで買ってしまった点が、今回のしくじりでした。

ちなみにクオカード等を優待にしているのは、外食や小売業と違って、自社商品やサービスを優待にしづらい企業が多くなっています。

実際、今回のTHEグローバル社やイーグランドは、いずれもマンション分譲会社です。

今回のしくじりから、今では、クオカードや商品券に限らず、**その企業の商品やサービスとは直接関係のない優待を実施しているところにも、注意を払うようになりました。**

具体的には、米・水・カタログギフトなどの優待も、要注意と言ってもよいでしょう。

最後に……株主優待は日本独特の制度で、3社に1社が実施しているとも言われ、優待ファンも多く（私もその一人）、銘柄選びの大きな要素にもなっています。

しかし、突然の優待改悪・廃止など、様々なリスクがあることを踏まえ、優待だけに心奪われず、上手に付き合っていきたいものですね。

⚠まとめ

⇩クオカードや商品券などは企業にとっても大きな負担で、自然と優待改悪、優待廃止になる可能性が高くなる

⇩その企業の商品やサービスと直接関係ない優待を実施しているところも要注意

⇩突然の優待改悪・廃止もあるので、優待だけに心を奪われないように

7章

株主優待の改悪・廃止は避けられない!?

8章

腕時計投資は難しい…

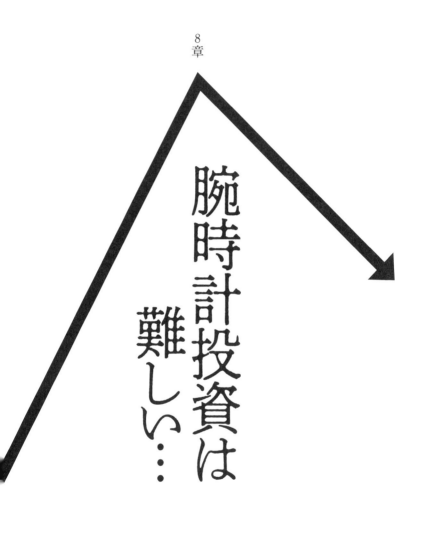

高級腕時計も、投資の対象となります。

なぜなら、一定の資産価値と売買の場（マーケット）があり、それなりの価格変動もあるからです。利子や配当はつきませんが……。

実際、アベノミクス相場による株高・円安時（※）には、腕時計相場もグングン上昇しました。

ただ、それは腕時計相場全体の話であって、実際に投資するとなると、「目利き」や「どこで売るか」など、現物投資ならではの難しさもあるわけです。

本項目は、そこをあまり深く考えずに、たまたま買ったロレックスの値上がりに味をしめて、あまり深く考えずに腕時計投資にトライしてみた顛末です。結論から言えば、「目利き」に失敗（中途半端なブランドを購入）し、「売り場選び」に失敗（リサーチ不足で不満だらけの売却）した挙句、20万円弱の損失を被っております。

※円安になれば、高級腕時計の多くは海外（主にスイス）からの輸入のため、国内価格が上昇する傾向にある。

しくじり体験

2012年夏頃のこと、ちょっといい腕時計でも買おうかな……とロレックスに目を付けました。

けっこうな値段ではありましたが、これは投資にもなると、思い切って購入する決心をしました。最終的に、デイトジャストⅡというドレスウォッチと、サブマリーナというスポーツウォッチで迷いましたが、**①好みと実用性を重視してデイトジャストⅡを選択**、56万円で購入しました。

それから3年程して、ふらっと店頭に並ぶデイトジャストⅡの値段を見ると、なんと80万円超え。

アベノミクスによる株高・円安効果もあって、腕時計相場がグングン上昇していたのです。もっとも、買取相場は40万円半ばだったので含み損ではありますが、これは嬉しいものでした。

ただ、当時、50万円強で売られていたサブマリーナは90万円近くになっており、買取相場すら当時の販売価格を超えている状況でした。これを知ったときには、（それまで気にならなかった）約15万円の含み損が、残念でなりませんでした。

とはいえ、ロレックスの値上がりで味をしめた私は、それからは純粋に「投資」として、腕時計を物色するようになりました。

ただ、50万円、１００万円するような腕時計には、そうそう手が出ません。

そこで、**②10万円程度の「ブレラオロロジ」や「オリエント」といったお手軽かつお値打ちなブランド時計を買ったのでした。**

その後、株高・円安傾向が続いていることから、期待して買取店へ行くも、提示された買取価格はいずれも1万円程度……そんなに安いのかと愕然としました。

残念ながら、調子に乗ってやってみた腕時計投資では、合計20万円弱のマイナスとなりました。


実は今回、**③腕時計の買取店を見つけるのに、とても苦労しました。**

少しでも高く買い取ってもらうべく、というか、安く買い叩かれないようにと、ネットで買取相場や口コミ等を隈なくチェック。ただ、マイナーブランドであるブレラオロロジやオリエントの買取相場の情報は少なく、他ブランドの買取相場等から推測するしかありません。相当な時間と労力を費やし、ようやく、信頼できそうな買取店を見つけたのでした。

左がロレックス、右がオリエント。
パッと見た感じ、6倍程の価格差があるようには思えない?

フレデリック・コンスタントの世界200本限定商品(グリーンバージョンが珍しい)。シリアルナンバーも刻印(193/200)され、希少価値抜群だが、世間的にはイマイチ評価されていないよう……。

しかし、実際に行ってみると、なんだかホストクラブっぽい雰囲気で、客層も明らかにお水系の女性が多く、非常に居心地が悪く、落ち着きません（ネット情報は当てになりません）。ホストみたいな店員に、明らかなガッカリ口調で「これ、1万円ですね」と言われて、なんだかスミマセン、という感じになりました……二度と行くことはないでしょう。

これはまた一から、買取店を探さないといけないな……と少し憂鬱になるのでした。

しくじりポイント

①好みと実用性を重視してデイトジャストⅡを選択

投資における鉄則の一つが、「自分が気に入ったものではなく、**皆が気に入りそうなものを選ぶこと**」です。

これは、経済学者ケインズが「美人投票」（※）として例えたことでも有名ですが、腕時計

※ケインズの言う「美人投票」とは、投票者全体の中で、一番票の多かった人を当てた人が賞金を得られるというもの。すなわち、自分以外の、多数の人の思惑によって、結果は決まるということ。

投資においても通用する考えです。

そういった視点で見れば、今回においては、明らかにサブマリーナの方が人気だったわけで、**まったくの自分好みでデイトジャストⅡを選んだことは、完全なるしくじりだったのです。**

ちなみにロレックスの中でも、昔から、サブマリーナは根強い人気があったことは、少し調べればすぐに分かることでした。

なので、少しでも「美人投票」の視点があれば、サブマリーナを選んでいたわけですが……。

そして案の定、腕時計相場が上昇した際には、デイトジャストⅡよりもサブマリーナの方が、はるかに値上がりしたのでした。しかも、人気のサブマリーナは買取相場も高く、当時の買値を超えている状況でした。これにはデイトジャストⅡの含み損が際立ってしまい、とても残念だったことは、体験談でも書いたとおりです。

このように、腕時計のような、個人の趣味・嗜好が強く反映されるモノにおいても、**投資的側面がある以上**（**投資目的で売買する人がいる以上**）、**この「美人投票」の影響は避けられない**のです。

実は、ロレックスを購入する数年前に、フレデリック・コンスタントというブランド（分かる人は、かなりの腕時計好きです）の腕時計を買ったことがあります。

このときは、投資の視点はまったくなく、完全なる趣味として。個性的なデザインと、世界200本限定という希少価値に、店頭で一目ぼれして買いました。価格はたしか、15万円くらいでした。

そして先日、興味本位で、（売るつもりはまったくありませんが）この時計の買取相場を調べてみると……なんと、わずか2万円程度。個人的には、カッコ良くて、コスパ抜群で、そして何より世界200本限定の希少価値から、最低でも10万円にはなるだろうと思っていただけに、そんなに安いものかとショックでした。

自分がいくら価値を見出していても、皆がそこまで価値を見出さなければ、その程度の評価になるわけで、まさに「美人投票」の理屈そのものでした。


さて、もちろん私は、「美人投票」の理屈そのものについては知っておりましたし、実際、普段の投資においても、その「美人投票」は意識しております。

でも今回、それができていなかったのはなぜか……それは、**腕時計を買うことを、「投資」と割り切っていなかったから**です。初めての本格高級腕時計の購入（前述のフレデリックは、高級時計というには微妙なところ）に妙にテンションも上がり、気持ちの50％くらいは、趣味として腕時計という「商品」を選ぶ、買物気分だったのです。

そんなことから、自分の好みや実用性を重視して、クラシックでクールな、使い回しが良さげなデイトジャストⅡを選んだのでした。

とはいえ、「投資」の視点も50％入っていたので、ロレックスというメジャーなブランドを選んだわけです。

なぜなら、ロレックスの知名度は抜群で、腕時計市場においても圧倒的な人気で、値崩れしにくいからです。ここはまさに、「美人投票」を意識してのことです。もし、完全に趣味の立場で選んでいたのであれば、ロレックスよりも（ロレックスも嫌いではありませんが）、おそらくもっとも自分好みのマニアックなブランドを選んでいたと思います。

つまりは、**半分は「投資」、半分は「趣味」という、きわめて中途半端なスタンス**だったわけです。

それゆえ、投資における残念な結果（人気のサブマリーナを選んでいれば儲かったが、デイトジャストⅡを選んだがゆえに15万円もの含み損）もさることながら、趣味として腕につけるときにも、（自分の好みで選んだわけではないので）不完全燃焼が残るのでした。

そんなしくじりもあって、今後、腕時計投資をするときには、しっかりと「投資」と割り切って、すなわち、完全に「美人投票」の視点で、腕時計を選ぶつもりです。

⚠まとめ
⇩買う前に、マニアの間で何が人気かをきちんと調べておく
⇩マニアックなブランドは、どれだけセンス&コスパが良くても、高値になりづらい
⇩腕時計投資をするときは、「美人投票」の視点で品物を選ぶ

②10万円程度の「ブレラオロロジ」や「オリエント」といったお手軽かつお値打ちなブランド時計を買ったのでした。

コストパフォーマンスでいうと、10万円〜30万円程度の機械式時計が、一番優れています（諸説あり）。

腕時計という「商品そのもの」と、その「価格」を比べれば、100万円を超えるような高級時計よりも、はるかにお買い得なのです。

ブランドでいえば、オリス、ロンジン、ボール・ウォッチ、タグ・ホイヤーあたりが、その価格帯を得意としています。そういった定評のあるブランドの、作りの良いモノであれ

ば、100万円超の腕時計と比べても、腕時計の質はさほど遜色ありません（実際、原価はそれほど変わらないらしい）。

100万円を超えるような**高級腕時計は、ブランド価値が高い**のです。

もっとも、そのブランドイメージを作り上げる&維持するため、高級な店舗、上質な接客、諸々の宣伝やスポンサー契約などに、相当な費用を使っているわけですが。

そして、**投資という視点から見れば、そのブランド価値部分が、重要**なのです。

なので、メジャーなブランドの一定水準以上（一般には最低50万円以上）の高級腕時計でないと、投資対象とはなりにくいのです。

10万円〜30万円程度の、腕時計という商品としては一番お買い得な価格帯が、投資としては、一番中途半端でもったいないのです。投資の視点では、腕時計そのものよりも、ブランド価値という目に見えない「付加価値」部分が投資対象となるわけですから。

また、メジャーなブランド（ロレックスなど）であれば、ネットや雑誌等で、すぐに相場は調べられます。

しかし、体験談でも書いていますが、中途半場な価格帯の腕時計、中でもとくに、私が選んだようなマイナーブランドの場合は流通市場が薄く、買取相場が分からないというデメリットも無視できません。すなわち、中途半端な価格帯（かつマイナーブランド）の腕時計の相場は、店頭に足を運んで、実際に査定してもらわなければいけないので、非常に手間がかかるわけです。

そういったことは、10万円程度の「ブレラオロロジ」や「オリエント」といったお手軽かつお値打ちなブランド時計を実際に買ってみて、そして売ろうと思ったときに、実感したのでした。

買ったときは、「お買い得感」のことで頭が一杯だったことから、**「投資の視点」が完全に欠如しており、「普通のお買物」の視点になってしまっていたことが、大きなしくじり**でした。

今回、予想をはるかに下回る買取価格は、しかるべき結果として、高い授業料として割り切っております。

ちなみに、メジャーなブランドでも、定価より大幅に割り引かれて売られているようなブランドは、投資対象としては考えにくいでしょう。

具体的には、オメガやブライトリングなどが、常に定価の2～4割引程度で販売されています。

趣味として購入するのであれば非常にお買い得ですが、投資としては、それだけ割り引かれているようなモノに、一定の付加価値は期待しにくいですね（オメガのスピードマスターなど、一部の人気機種は別）。

一方で、ロレックスやパネライ、パテック・フィリップなどは、大幅な割引販売されることが少ないブランドで、人気機種に至っては、定価以上で販売されているケースもあります。通常のお買物であれば、お買い得感は薄いのですが、投資の視点からは、それでもOKだったりもするわけです。

※百貨店等の正規代理店は原則として定価販売だが、激安時計専門店・家電量販店などでは、一般に、定価より安く販売されている。

⚠まとめ

⇩50万円以上の高級腕時計でないと投資対象になりにくい

⇩量販店などで割引販売されるようなブランドは投資対象には適していない

⇩割引販売されることが少ないのはロレックス、パネライ、パテック・フィリップなど

③腕時計の買取店を見つけるのに、とても苦労しました。

腕時計に限らず、**現物投資の難しさは、「どこで売るのか」にもあります。**

なぜなら、株式や為替と違って取引所がないので、**「どこで売るのか」によって、買取価格は大きく変わってくる**からです。

同じモノを同じタイミングで売っても、買取店によって、さらには担当者によって、さらには売る人の属性（売り慣れている人か慣れていない人か、交渉できる人かできない人か、常連か一見さんか、など）によっても大きな差が出てくるのです。

メジャーなブランド（商品）であれば、買取相場は、ある程度はネット等で調べることができます。

しかし、実際に買い取ってもらう「個体（その状態は一つ一つ違う）」がどう評価されるかは、現場での判断となります。買取相場はあくまでも目安であって、実際に買い取ってもらうときには、（少しでも高く査定してもらうべく）店選びに加えて、相応の知識・経験も必要とされるわけです。

なので、まずは信頼できる買取店、安心して任せられる担当者をしっかり確保してから、そしてできれば、自身も相応の知識・経験を身につけてから、満を持して買うべきだったのです。

しかし私は、**売るときのことをまったく何も考えないままに、興味の赴くままに、先走って買ってしまったわけで、それが今回のしくじり**だったのです。

そして、いざ、買い取ってもらおうとしたとき、初めて、「売ること」について、何の情報も知識・経験もないことを痛感するのでした。そんな手探りの中、「どこで売るのか」などによって買取価格が（思っていた以上に）大きく変わることを知って、買い叩かれたらどうしよう……と不安が頭をよぎるのでした。

そして慌てていろいろ調べるも、結局、よく分からないまま、体験談にあるように、場違いなホストクラブまがい（？）の買取店にたどり着いてしまい、非常に居心地の悪い思いをしたわけです。


さて、その買取店で提示された買取価格には、到底納得がいきませんでした。

今思えば、提示された買取価格は相場程度ではあったのですが、当時、知識・経験の少なかった私は、その店舗や担当者のケバケバしい雰囲気もあって、これはボッタクリではと、不信感で一杯だったのでした。

なので、これは他の買取店にも足を運んで、複数の店で査定してもらわねば……と思うも、まったく売らずに退店できる雰囲気ではなく（待合室で紅茶とクッキーの接待も受けていた負い目もあって）、とりあえずは、ブレラオロロジだけを1万円で買い取ってもらったのでした。たった1枚のピン札が、まるで嫌味かの如く、やたら豪華なトレイにポツンと乗せられ、目の前に差し出されました。

これには、**他の買取店だったら、もう少し高い値段で買い取ってくれたのではないか……と悶々とした気持ちが残ってしまうのでした。**

本・雑誌を買い漁り、腕時計について勉強しました。

なので、いつかロレックスを売るときは、納得できる買取店をしっかり見つけてからにしようと、現在、ネットや雑誌、そして実際に足を運んで、様々な買取店をリサーチ中です。腕時計販売店でも中古買取をやっているところも多いので、普段よく行く販売店では、積極的に買取のことを店員さんに聞いております。そうやって店員さんと仲良くなっておけば、買取価格にも色を付けてもらえるかな……との下心もあって。
ロレックスともなれば高額なので、そんなちょっとしたことで、買取価格が数万円変わってくることも十分あり得ます。今度は後悔したくないので、焦らずに、じっくり探してから、満を持して売りたいと思っております。それまでは大切に保管しつつ、腕時計そのものを身につけて、楽しみながら……。

そうです、**商品そのものを楽しめること**……それが現物投資（腕時計に限らず、車・絵画・骨董品……など）の大きなメリットですね。

でも、投資というスタンスにおいては、それ（商品そのものを楽しめること）はあくまでも「おまけ」であることを忘れてはいけません。中途半端に「所有の楽しみ」、つまり趣味の視点が入ってくると、「しくじり①」をやらかしてしまうことでしょうから。

逆に、もし所有を楽しむスタンスであるのなら、それは完全に、趣味と割り切って選ぶべきです。そこで中途半端に「投資の視点（美人投票）」を入れてしまうと、本当に自分の気に入ったモノを選ぶことができなくなり、その腕時計を見るたび、後悔することになるでしょうから。

このように、**腕時計のような現物を購入する場合は、目的が「投資」なのか「所有（趣味）」なのか、スタンスをはっきりさせることが大切**だということです。

先日、ガガミラノというブランド時計を、定価20万円超のところを10万円以下で買いました（上手く買えたと自画自賛）。

ただ、これは中途半端な価格帯でして、しかも相当な割り引きをされているわけですから、投資としては期待薄ですね（178ページ参照）。しかし私は、これは完全に趣味と割り切っており、完全に自分好みのデザインを選ぶことができて、大満足しております。なお投資スタンスとしては、今、狙っているのは、ロレックス（サブマリーナ）かパテックフィリップ（ノーチラス）です。

⚠まとめ

⇩買取相場はネットで調べられるが、実際の「個体」がどう評価されるかは現場判断
⇩店によっては、客が売るまで退店させないよう、接待してくるケースもあるので要注意
⇩自分も知識、経験を身につけることに加えて、信頼できる買取店を見つけることが大切

9章

自己投資で元本割れ!?

自己投資で元本割れ!?

究極の投資対象は「自分」である……かの著名投資家、ウォーレン・バフェットの言葉です。

だからというわけではありませんが、私自身、自己投資（自身の能力向上への投資）については相当意識しているつもりです。とくに私は、FPという資格で食っているだけに、これまで相当な時間、労力、お金を費やして、様々な資格を取ってきました。

FP、簿記、宅建など、その多くはリターンを生みましたが、中には、大きく失敗した資格もあります。

取得したはいいが、ほとんど仕事につながらず、費やした時間・労力・お金が無駄になってしまったDCアドバイザー・DCプランナー。まさに、自己投資の元本割れです。

その資格を取ってしまったがゆえに、100万円以上の損害を被ってしまった相続アドバイザー。元本割れどころか、元本以上のマイナスです。

理念なき自己投資は失敗する……これらの資格取得の顛末から、そのことを語っていきたいと思います。

しくじり体験

2011年の夏、お金の専門家であるFPとして独立した私ですが、当時24歳の駆け出しゆえ、FP以外にも何か専門性（自分の売り）が必要だと思っていました。

そこで目を付けたのが、当時、導入されたばかりの確定拠出年金制度（本項目のラスト参照）、そして、その専門資格であるDCアドバイザー・DCプランナーでした。いわゆる「自分年金」作りへの関心がますます高まっていた中で、始まったばかりの制度、できたばかりの資格です。

なので、この制度を勉強し、この資格を取れば武器になるぞ、と一人で盛り上がっておりました。

もっとも、**①確定拠出年金制度そのものに興味があったわけではなく、ただただ、私がこの業界で「自分の売り」をアピールするには、絶好の「狙い目」だと思ったのでした。**

そう、ハッキリ言って、鳴り物入りで導入されたこの制度（資格）にあやかろうと思ったわけです。

そして、教材や受験料等で10万円以上、半年以上の期間を費やして、2つの資格を取りました。

で、元が取れたかというと……たった1回、DCアドバイザー資格講座を担当しただけ。残念ながら、費やした時間と労力、お金はまったく回収できませんでした。

もう一つは相続アドバイザー（195ページ参照）で、これは2015年の話です。きっかけは、私が長年、講師を務める資格専門学校が「相続アドバイザー講座」を新規開講するにあたり、「講師を担当してください（＝資格を取れよ）」とのご依頼。

これは前述のDC関連資格と違って、取得すれば確実に仕事になると、即、快諾。絶対に合格しなければいけないプレッシャーの中、相当な時間と労力を割いて勉強し、めでたく取得しました。

しかし、いざ講座がスタートすると、受講生は少なく、講師の口は思ったより少なかったのです。

これには、**②せっかく取った資格をなんとかして活かさねば……と焦り、そして機会があれば、この資格をアピールして、仕事につなげようと必死でした。**

ちょうどそんなとき、某出版社さんから、「本を書きませんか」との嬉しい依頼が。

当初は、ふるさと納税ネタでの依頼でしたが、ここはチャンスとばかりに、「いや、相続アドバイザーがブームですよ」と、相続アドバイザー資格テキストの企画を強引にねじ込み、出版社を説き伏せ、執筆・出版の運びとなりました。

ところが、約半年間もの執筆・編集期間を経て完成し、いよいよ明日配本というとき、資格主催団体が、著作権侵害として出版差し止めを求めてきたのです。

いろいろ交渉するも、決裂。

結果、**③出版差し止めとなり、約60万円の印税がゼロ。しかも、出版社の実損害を、著者も負担せよとのことで、私が出版社に50万円を支払うことに。**

これは元を取るどころか、資格を取ったがゆえに、100万円以上もの大損失となってしまいました。

しくじりポイント

①確定拠出年金制度そのものに興味があったわけではなく、ただただ、私がこの業界で「自分の売り」をアピールするには、絶好の「狙い目」だと思ったのでした。

投資においては、私情に捉われることなく、客観的に判断することは非常に大切です。

なので今回、**確定拠出年金制度**に目を付けたのは、「公的年金制度に対するますますの不安」「一人ひとりが運用する時代の到来」といった世の中の状況を冷静に分析し、客観的に判断した結果です。確定拠出年金制度について詳しくなれば、FPとして食いっぱぐれることはない……その判断は間違っていないと、今でも断言できます。

しかし、**自己投資においては、私情を絡めることも大切**だと、今回の一件で実感しました。

なぜなら、投資対象が「自分」ですから、自分自身が興味あるのか（面白いと思えるのか）は、むしろ一番大切なポイントだといえるからです。

いくら有望なものでも、それが自身の身につかないと、投資効果としてはゼロですよね。やはり興味あることでないと、なかなか身につかないものなのです。

そういった意味では、今回は、最悪の選択でした。

なぜなら、しくじりポイント①にもハッキリ書いてあるように、私自身、確定拠出年金制度にはまったく興味がなかったからです。というか、年金制度自体に、かなり苦手意識を持っていたのです。

そんなわけですから、DCアドバイザー・DCプランナー資格を取得するための学習も、

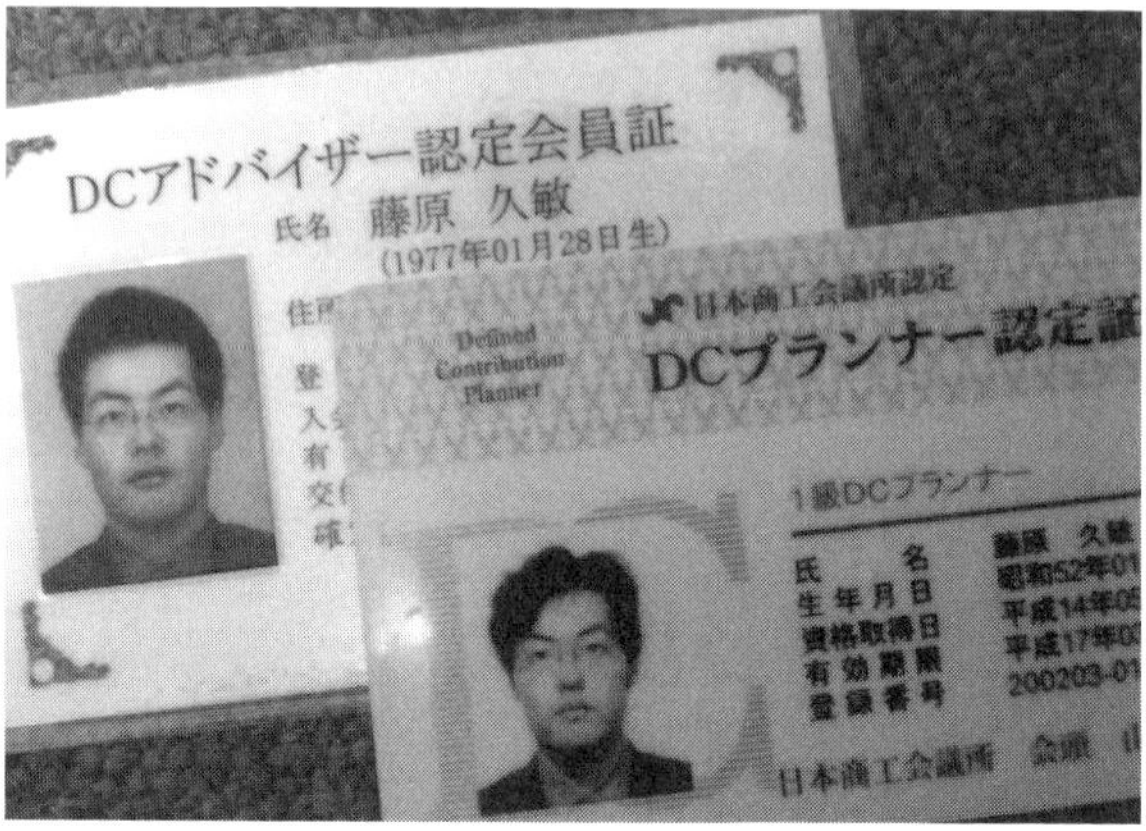

かつて取得した、確定拠出年金関連資格。せっかく取得するも、
埃をかぶっている状態が続き、今では、いずれも失効……。

相続アドバイザー、なんと個人優秀賞を取得。
しかし、この頑張りが仇となってしまうとは……。

何も面白くありませんでした。面白くないどころか、苦痛以外の何物でもなく、途中からは、ただただ資格を取ることだけが目的となってしまっていました。

さて、何とか資格を取得するも、そんな状況でしたから、まさに**「資格を取ってオシマイ」状態**に。

その知識や資格を使って、あんなことや、こんなことや……といったアイデアはまったく出てこず、とくに何も行動をすることはありませんでした（最初のヤル気は、どこへやら）。

もし、確定拠出年金に興味があったなら、様々な視点・角度から、その知識・資格の活かし方をアレコレ考えたのでしょうが……繰り返しますが、残念ながら、私はまったく興味がなかったわけです。それは、資格を取得した後も、変わりませんでした。自身の興味をまったく考慮せず、ただただ、客観的に有望だから（それは間違いないのですが）と選択したことには猛省しきりです。

「好きなこと」を仕事にすることは難しい、とよく言われますが、**自己投資においては「好きなこと」をやればいい**、というのが、私なりの結論です。

自己投資は、誰に強制されてヤルものではないので、そこで自分の気持ちを抑える必要はないのでは、と。

最後に気付いたのが、自己投資を始めてからでも（今回のケースであれば、確定拠出年金の勉強を始めてからでも）、興味がないことに気付いたのであれば、そこでやめても、遅くなかったということです。

自分の意志でやり始めたことですから、**やめようと思えば、いつでもやめれたはず。**

しかし、「せっかくやり始めたんだから」との意地と、興味ない（面白くない）と気付き始めたときには、それなりの時間・労力・費用を費やしていたことから、やめるにやめられずに、ズルズルと続けてしまったのです。

まさに、**「損切り」ができなかった**わけです。

それもまた、今回のしくじりといえるでしょう。ここは、実際の投資と同じく、傷口が広がる前にスパッと損切りすべきだったと、これも猛省しきりです。

⚠まとめ

⇩自己投資の場合、自分が興味があるかどうかが一番大切なポイント

⇩いくら有望なものでも、自分の身にならなければ、投資効果はゼロ

⇩「せっかくやり始めたんだから」と固執せず、時にはスッパリやめることも大事

②せっかく取った資格をなんとかして活かさねば……と焦り、そして機会があれば、この資格をアピールして、仕事につなげようと必死でした。

相続アドバイザーとは、2014年に創設された、新しい資格です。

銀行業務検定の1つとして、相続の基礎知識を体系的に学べ、さらには金融機関側の手続きにも精通できる実務的な資格でもあります。当時、2015年の相続税改正（基礎控除額の縮小など）を控えて大いに注目され、受験者数は約1万人と、非常に話題になりました。

そこで、これはビジネスになると、私が講師を務める資格専門学校が「相続アドバイザー講座」を新規開講することになったわけです。そして、担当講師として長年、FP資格講師を務めていた私に白羽の矢が立ったのでした。

となると当然、講師となる私は、相続アドバイザーを受験し、合格しなければいけません。これは、**相当なプレッシャーでした。**すでに講義スケジュールは決まっており、募集も始めている状態で、「もし不合格だったら……どうなるんだろうか？」と思わずにはいられませんでした。

ちなみに合格率は、第1回試験は9割に達するものの、第2回試験では3割を大幅に下回り、私が受験する第3回試験はどうなるのか……と、受験生の間では様々な憶測が飛び交っている状態でした。新しい資格ゆえに、その難易度もまだ定まっていないのでした。

そんな状況でもあったので、**万全に万全を期すべく、相当な労力を費やして学習**しました。生来、生真面目な性格でして、「万一、不合格だと、周りにドエライ迷惑をかける」とばかりに、常にテキスト・問題集を持ち歩き、相続アドバイザー中心の生活を送ることになりました。正直言って、必要以上に勉強をしました。

どれくらい勉強したかというと、**受験者1万1000人中、なんと10位で合格するくらいの勉強量**でした。

これは才能でもなんでもなく、ただただ、ひたすらテキスト・問題集をやりこんだ結果です。ハッキリ言って、そこまで勉強するような資格ではないので、それだけやれば、上位合格もするわけです。

学習期間は約2ヵ月、かけた費用は約3万円（テキストや参考資料、受験料）と、いずれも少ないですが、**数字に表れない労力とプレッシャーは、半端なものではありませんでした。**

そのような苦労をして取った資格ですから、これは講師以外にも、何とか活かさねばもったいない……と、強引にこの資格をアピールして売り込み、結果的に、今回の大失敗（具体的には後述）につながったわけです。

さて、今回のしくじりポイントは、大失敗そのものよりも、大失敗の伏線として、「何とか活かさねば……」と思わざるを得ないほどの、資格取得にあたっての多大な労力とプレッシャーがあったことです。

なぜ、多大な労力とプレッシャーがあったのかというと、今回の自己投資（＝資格取得）のきっかけは、自分の意志ではなく、**外部からの要請（資格専門学校からの資格取得要請）だった**からです。そして、その期待に応えようと、自分を追い込んでしまったからでした。

結果、何とか（労力とプレッシャーの）元を取ろうとして、強引に出版企画を通してしまったことで、足をすくわれたことが今回のしくじりです。

これが、**自分の意志での自己投資（＝資格取得）であれば、それほどまでのプレッシャーを感じることはなかったはず**です。ひいては、元を取るべく、その成果（資格）を活かそうとする強引なアピールもなく、今回のしくじりもなかったかと思います。

今回の依頼（資格専門学校からの資格取得要請）は、断ることは十分できました。

ただ、相続に興味はなくもないし、相続の知識・資格は将来役に立つだろうし、何より仕事につながるという下心（？）から、「自己投資にもなるしね」と、あまり深く考えずに受けてしまったわけです。

今回のしくじりから、それ以来、**自己投資については、余計なプレッシャーを感じることがない状態（しがらみから解放された状態）で、じっくり取り組めるよう、「自分の意志」で選ぶ**ことを、心がけております。

⚠まとめ

⇩**他人からの依頼で勉強を始めると余計なプレッシャーがかかる**

⇩**期待に応えたいからといって自分をむやみに追い込まない**

⇩**自己投資はしがらみのない状態で、じっくり取り組む**

③出版差し止めとなり、約60万円の印税がゼロ。しかも、出版社の実損害を、著者も負担せよとのことで、私が出版社に50万円を支払うことに。

今回のしくじりによる代償は、相当な金額となりました。

体験談でも書いたように、「相続アドバイザー資格テキスト」を執筆するも出版差し止めとなり、パーになった印税と、出版社への支払いで**100万円以上の損害**です。

せっかくなので、その詳細について書いてみたいと思います。

「せっかく取得した資格を活かさねば（労力とプレッシャーの元を取らねば）」ということに促われてしまうと、いかに盲目的になってしまうのか……けっこう生々しい話ですが、ご興味ある方は、少々お付き合いください。

本を1冊書くには、相当な労力がかかります。

今回の「相続アドバイザー資格テキスト」も例外ではなく、執筆期間3ヵ月、編集・校正に2ヵ月かけて、ようやく完成しました。初版4000部が刷り上がり、いよいよ明日、全国書店への配本となったそのとき……資格主催団体から「**テキストに掲載されている例題が、過去問題と似ている（著作権侵害だ）**」と出版差し止めの要請がきたのです。

これには正直、「ええ?・」という感じではありました。

テキストなので、当然、試験の過去問題を参考にして作成しているわけですから。

そもそも、参考にすべき資料が、その資格主催団体が発行している「過去問題集」と「試験テキスト」しかなかったのです。

しかし、今思えば、これは企画段階で、気付くべきでした。

なぜ、その資格主催団体発行以外の教材がなかったのか、という、不可解な事実を。

当時、非常に話題となっていた資格ですから、どの出版社もこぞって、相続アドバイザー資格の教材本は出版したかった（しようとしていた）はずです。

それなのに、当該団体発行の教材しかなかったということは、他の出版社からは出せない、何らかの事情があった……と考えるのが自然です。

ただ、何とかして資格を活かそうと焦っていた私は、そのあたり、まったく考えが及ばなかったのでした。

それどころか、「今なら、他にほとんど類書がない（ライバルがいない）」と都合よく解釈して、企画をねじ込んだのでした。まさに、**資格を活かすことありきの発想しか出てこず、視野が狭くなっていた**としか言いようがありません。

その結果が、出版差し止め要請との、最悪の事態でした。

今思えば、せめて企画段階で、当該団体に「テキストを出していいですか？」とお伺いを立てるべきでした。

しかし、時すでに遅し。

ただ、こちらとしても、すでに4000部も刷ってしまったわけですから、引くに引けません。

なので、こちら側（出版社側）も全力で交渉するも、著作権を持ち出されるとどうしても分が悪く、ならばせめて、すでに刷ってしまった4000部だけでも流通させてもらえないかとお願いするも、まったく聞く耳持たず。

結果、刷り上がったその4000部は、まったく無駄となってしまったのです。よって売り上げゼロですから、契約していた印税（約60万円の見込み）はまったく支払われません。

それどころか、出版社からは、「著者のあなたも、印刷代など経費を負担せよ」と、50万円の支払いを請求されました。

合計、**100万円以上の大損害となり、自己投資の元本回収どころか、大幅な元本割れ**となったのでした。

ただ、この出版社とのやり取りについては、「でも、最終的にGOサインを出したのは出版社だよね」「本当に、それだけ経費がかかったのか」「そもそも4000部刷ったのか（現物は見せてもらえず）」など、納得いかないところもあり、未だに悶々としておりますが（今さらグチグチ言うなという話ですが）。

話を元にもどしましょう。

私が結局は、印税ゼロ・著者負担50万円という出版社の言い分を、そのまま受け入れたのは、こちら側が強引に、相続アドバイザー資格テキスト企画を押して押して押しまくった負い目があるからに他なりません。「今、テキストを出せば、ブルー・オーシャン（ライバルのいない市場）ですよ」「実は私、10位で合格して個人優秀賞を受賞しているんですよ」など、ありとあらゆるアピールをして、企画をねじ込んでおりましたので。

とにかく、**取得するまでの苦労を、無駄にはしたくなかったのでした。**

ただ、そのあまりにも強引なアピールは、このようなトラブル発生時には、完全に「突かれると痛い、ウィークポイント」となってしまったのでした。

繰り返しになりますが、今回のしくじりの大元は、「苦労して取得した資格を活かさねば」という焦り、つまりは「自己投資の回収」への焦りです。

そして、その焦りの原因は、その自己投資（＝資格取得）のために、あまりにも多大な労力とプレッシャーを負ってしまったこと。なので、「元を取ろう」と思ってしまったわけです。

さらに言えば、その多大なプレッシャーと労力を負ってしまった要因は、自己投資（＝資格取得）のきっかけが、外部からの要請だった（その期待に応じようと思った）からということは、前述の通りです。

ここは大切なところなので、もう一度、書かせていただきました。
そして、ここも繰り返しになりますが、**今後の自己投資については、余計なプレッシャーがない状態で取り組めるよう、自分の意志そのもので考えるように**と誓っております。

あと、最後に一言。
今回しくじった資格（ＤＣアドバイザー・ＤＣプランナー・相続アドバイザー）については、私の選択に問題があったわけで、資格そのものは、非常に将来性のある有用な資格であるということを記しておきます。

⚠まとめ

⇩類書がないということは、何か事情があるのだと考える
⇩強引に企画をねじ込んでも、それが弱味になることもある
⇩自己投資の回収（元を取ろう）を焦るとロクなことがない

［確定拠出年金制度］

確定拠出年金制度とは、自分自身で、将来の年金を運用する「自己責任」の年金制度のことです。国や会社が運用してくれる従来の年金とは一線を画する、これからの時代の年金制度といえます。

この確定拠出年金には、個人型と企業型の2種類があります。

個人型とは、個人年金の一つで、各人が任意で加入します（取扱金融機関の窓口で申し込む）。2017年1月から加入対象者が広がって、ほぼすべての人が加入できるようになりました。iDeCoとの愛称で、知名度も上昇中です。

企業型とは、企業年金の一つで、勤務先企業が企業年金制度として導入すれば、原則として加入することになります。2017年10月末、企業型の加入者は約640万人と、すでに身近な制度なのです。

今後、ますます広がっていくであろう確定拠出年金の専門資格ですから、「使える」資格であることは間違いありません。もちろん、それを「使える」かどうかは、その人次第ではありますが……。

あとがき

本書で紹介した、数々の「投資のしくじり」、いかがでしたでしょうか？

同じような失敗を経験したことのある方は、「そうそう、あるある」と、大いに共感いただけたと思います。

投資未経験の方は、投資におけるやりがちな失敗の内容、そしてその要因や心理状態など、疑似体験いただけたかと思います。

ただ、本書で本当にお伝えしたかったことは、失敗談そのものではなく、その失敗を「どう活かすか」です。

失敗することそのものは、大きな問題ではありません。

問題は、その失敗をどう捉えるのか、そしてどう活かすのか、です。それこそが一番大切なことだと、心の底から思っております。

まえがきでも書きましたが、私がこれまでやらかしたしくじりによる損失額は、数万円から数十万円、せいぜい数百万円です。しかしトータルだと、損失額はなんと1000万円に迫ることを、本書の執筆で初めて知ることとなり、少なからずショックを受けております。

正直言って、投資における一般的な失敗は、一通りはやらかしてきたと思っております。

ただ、そこはお金の専門家としてのプライドと知識があります。

やらかした失敗については、徹底分析して、内容をしっかり把握して、原因を徹底究明。今後の投資に、失敗をどう活かしていくのか、その対策についてもしっかり考えました（それが本書の内容です）。

そうすることで、1000万円に迫る損失は取り戻すことができ、さらに、それから積み重ねた利益は1000万円を超えております。

そうです、だからこそ、自信を持って、過去の「投資のしくじり」をさらけ出すことができたのです。

失敗したままで終わっていては、本書の内容は、説得力のカケラもなかったことでしょう、というか、本書の執筆そのものがなかったと思います。

失敗しても、次に活かすことができれば、それは失敗ではありません。上手くいかないやり方を発見したわけで、大きな前進、経験値アップなのです（かの発明王、エジソンの名言「私は一度も失敗したことはない、上手くいかないやり方を発見しただけだ」をパクリました）。

ですので、失敗を恐れずに、ぜひとも、果敢にチャレンジしてください。

……と、無責任なことを言いましたが、できることなら、失敗をせずに、失敗の経験・教訓だけを得たいものですね（ちょっとムシがいいでしょうか？）。

本書のしくじりが、少しでもお役に立つことを、願ってやみません。

なお、本書における投資・相場観は、私の個人的見解となっております。

また、金融・経済情勢は目まぐるしく変化しており、法改正も頻繁に行われます。ですので、実際の投資に際しては、最終的にはご自身の判断のもと、自己責任において、よろしくお願い致します。

現役FPのしくじり体験から学ぶ月15万円を確実に稼ぐ守りの投資術

2018年2月26日　第1刷発行

著者　藤原久敏
発行人　稲村　貴
編集人　平林和史
発行所　株式会社　鉄人社
〒102-0074 東京都千代田区九段南3-4-5 フタバ九段ビル4F
TEL 03-5214-5971　FAX 03-5214-5972
http://tetsujinsya.co.jp/

デザイン　細 工 場
印刷・製本　株式会社シナノ
協力　加藤　優

ISBN978-4-86537-115-4　C0033